놀이로 배우는 감정 표현과 공감

허쌤 & 옥이샘의

감정놀이

i-Scream

c o n t e n t s

PART.2
감정툰 카드 이렇게 놀아보세요

• 두근두근 감정놀이 35

PART. 1

감정툰 카드로
소통하는 교실 만들기

감정툰 카드란?

감정툰 카드에서 '감정툰'은 '감정'과 만화의 영단어 카툰(Cartoon)에서 '툰'(Toon)만 가져와 만든 합성어로 기존의 감정 카드와 달리 아이들에게 친숙하고 귀여운 만화 캐릭터로 감정을 표현한 감정 카드입니다.

비폭력 대화에서 활용되었던 그로그 카드(감정카드의 원조)는 연민, 동정, 자기 신뢰 등 아이들이 활용하기에 너무 어려운 단어들이 많았습니다. 그 후에 좀 더 아이들 눈 높이에 맞는 쉬운 단어의 감정 카드들도 나오기 시작했지만, 가격이 비싸 모둠별로 활용하기에는 부담이 적지 않았습니다.

반면 '옥이샘의 감정툰 카드'는 학생들의 눈높이에 맞춰 아이들이 꼭 인지해야할 35개의 감정 단어를 엄선해 만들었습니다. 가격도 저렴해 반 아이들이 모두 활용하기에 부담스럽지 않도록 구성했습니다.

'옥이샘의 감정툰 카드'는

자신의 감정을 느끼고 표현할 수 있습니다.

친구의 감정을 알고 함께 느낄 수 있습니다.

학생들에게 친숙한 만화로 구성하여 재미있게 활용할 수 있습니다.

학생 상담, 또래 활동, 교실 놀이 등에 활용할 수 있습니다.

인성교육, 교과, 창체 등 다양한 영역에 적용할 수 있습니다.

왜 감정툰 카드가 필요할까?

"감정은 몸과 다양한 마음 상태에서 유래하며, 표현을 통해 우리에게 건강한 삶을 가능하게 합니다. 감정을 언어로 떠올리며 표현할 수 있는 능력은 아동의 건강한 또래 관계 및 성장을 위해 가장 중요한 부분입니다. 그런 의미에서 '옥이샘의 감정툰 카드'는 누구나 갖고 싶을 만큼 재미있는 감정 만화로 다양한 감정 놀이 활동이 가능합니다. 또한 신체적으로 나타난 감정을 인식하고 표현하며, 아이들이 스스로 감정에 대해 책임을 질 수 있도록 도울 것입니다."

조수경 (경인교육대학교 대학원 교수, 나사랑 심리상담 센터 소장)

"사피엔스의 저자 유발 하라리 교수는 '우리가 후속 세대에게 가르쳐야 할 과목은 감정 지능과 마음의 균형'이라고 했습니다. 옥이샘의 감정툰 카드는 친근하고 귀여운 동물 그림으로 아이들의 감정 지능과 마음의 균형을 가르칠 수 있는 최고의 교구라고 생각합니다. 카드와 함께 출간된 도서 『허쌤&옥이샘의 감정놀이』는 아이들이 스스로 자신의 감정을 알아차리고, 친구의 마음을 인식하며, 친구의 마음이 나와 다르다는 경험, 그리고 주변을 공감하는 대인관계 기술까지 익힐 수 있는 최고의 가이드북이 될 것입니다."

허승환 (서울 난우초등학교 교사)

"리사 펠드먼 배럿(Lisa Feldman Barrett 미국 노스이스턴대 심리학 석좌 교수)의 저서 『감정은 어떻게 만들어 지는가?』에서는 감정에 휘둘

리지 않는 방법으로 새로운 감정의 개념을 배우는 것이 도움 된다고 조 언합니다. '기분이 좋다'는 개념만 가진 사람보다 기분이 아주 좋다는 의 미를 '만족하다', '행복하다', '설레다', '기쁘다' 등으로 세분화할 수 있는 사람은 감정을 쉽게 구분해 조절할 수 있습니다. 우리 아이들도 감정툰 카드를 활용하여, 자기 감정의 설계자로서 주체적인 삶을 살고, 타인의 감정을 공감하며 더불어 사는 행복을 느끼길 바랍니다."

옥상헌 (이천 한내초등학교 교사)

감정툰 카드의 특징

아이들에게 친숙한 만화체로 제작했습니다.

감정툰 카드는 이해하기 쉽고, 친숙한 그림체로 제작되었습니다. 또한 현장에서 아이들과 하루하루 함께 생활하는 현직 교사의 그림으로 완성되어 아이들이 무척 좋아합니다.

모둠별로 구입해도 부담되지 않는 가격입니다.

감정툰 카드는 합리적이고 저렴한 가격으로 책정되어 모둠별 놀이에도 큰 부담이 되지 않습니다.

전용 파우치로 오래오래 보관할 수 있습니다.

옥이샘의 감정툰 카드는 사용하다 보면 찢어지고 구겨지는 종이 케이스가 아닙니다. 전용 파우치 케이스를 제공하여 편리하게 사용하고 보관할 수 있습니다.

감정툰 카드 이렇게 활용하세요

학급에서

학급에서는 교과 시간, 아이들의 마음을 표현하는 공부에 활용하면 좋습니다. 도덕 시간에는 갈등을 풀어나갈 때 화가 난 마음을 차분하게 해줍니다. 아이들과 아이들 간의 다툼도 감정툰 카드를 활용하면, 스스로 해결할 수 있습니다. 어려운 학부모 상담, 또래 중재에도 감정툰 카드를 활용하여 아이들 마음이 가는 길을 읽을 수 있습니다.

가정에서

"지금 마음이 어때?" 이렇게 자주 학부모님이 아이에게 말을 건넨다면 가정에 어떤 변화가 찾아올까요? 공감은 다른 사람의 감정을 겪지 않고도 느끼는 것이라고 합니다. 아이들이 가정에서도 자주 공감하고 존중할 수 있도록 감정툰 카드를 활용하면 더욱 공감 잘하는 아이로 자랄 것입니다.

상담실에서

서먹서먹한 내담자와의 만남, 갑자기 속마음을 드러내기는 쉽지 않습니다. 감정툰 카드를 펼쳐 지금 속마음을 골라보라고 하세요. 카드를 고르며 지내왔던 경험이나 생각들을 스스럼없이 꺼낼 수 있습니다.

PART. 2
감정툰 카드
이렇게 놀아보세요

감정 나누기 게임

감정코칭 1단계는 '아이의 감정을 인식하는 것'입니다. 아이들이 다양한 감정을 배우기 위해서는 먼저 감정을 묘사하는 단어를 알아야 합니다. 처음으로 진행해 볼 '감정 나누기 게임'은 감정툰 카드를 활용하기 전에 먼저 아이들이 얼마나 많은 감정을 알고 있는지 점검해볼 수 있는 활동입니다. 아이들은 이 활동을 통해 스스로 감정을 분류하고 정확하게 자기 감정을 표현할 수 있습니다.

놀이를 시작해 볼까요

활동유형 모둠활동 · **준비물** A4색지, 가위, 네임펜

놀이방법

1 모둠별로 모여 앉으면, 개인별로 A4 색지를 나누어주고 세 번 접어 8조
각으로 자르게 한다.

2 자신이 알고 있는 감정을 모두 적어 모둠 가운데에 놓는다. 이때 '슬픔'
이라고 썼다면, "슬픔!"이라고 외치고 가운데에 놓으면서 친구들이 중
복해 쓰지 않도록 한다.

3 더 이상 쓸 감정이 생각나지 않을 때까지 쓴다.

4 감정을 모두 쓴 후에는 어떻게 감정을 분류할 수 있을지 이야기 나눈다.
이때 아이들이 어려워한다면, 영화 '인사이드 아웃' 영화에 나오는 캐릭
터(기쁨이, 슬픔이, 까칠이, 버럭이, 소심이)를 떠올려보도록 한다.

5 모둠별로 어떤 감정이 나왔고, 분류는 어떻게 했는지 발표한다.

이렇게 놀면 '더' 재미있어요

❶ 모둠별 경쟁으로 마치지 않고, 우리 반에서 찾아낸 감정 단어가 총 몇 개나 되는지 모둠별로 발표해보고 칠판에 정리합니다. 개인의 의견보다 모둠의 의견이, 모둠의 의견보다 우리 반 전체의 의견이 더 많다는 확인을 통해 더욱 협력하는 반이 되어 갈 것입니다.

❷ 마지막에는 감정툰 카드를 모둠별로 나누어 줍니다. 그런 후에 우리가 만든 감정 단어가 몇 개나 일치하는지 찾아 겹쳐놓도록 합니다. 우리가 만든 감정 단어가 실제로 감정툰 카드로 만들어져 있는 걸 확인하면 아이들이 무척 좋아할 것입니다.

무섭다 Scared	슬프다 Unhappy	외롭다 Lonely	짜증나다 Irritated
화나다 Angry	신나다 Excited	행복하다 Happy	당황하다 Embarrassed
미안하다 Sorry	창피하다 Ashamed	억울하다 Unfair	즐겁다 Amused
답답하다 Feel stressed	걱정되다 Worried	설레다 Hopeful	샘나다 Jealcus
실망하다 Disappointed	울고 싶다 Feel like crying	부끄럽다 Shy	재미있다 Fun
편안하다 Relaxed	기쁘다 Delighted	얄밉다 Hateful	속상하다 Distressed
뿌듯하다 Proud	우울하다 Depressed	서운하다 Feel Bad	만족하다 Satisfied
불안하다 Anoxious	놀라다 Surprised	쓸쓸하다 Scared	신경질나다 Upset
아쉽다 Sad	약오르다 Annoyed	후회되다 Regretful	

이것만은 주의해요

❶ 무작정 감정을 찾아보라고 하면 아이들은 어려워하기 마련입니다. 처음에는 현재 자신의 감정을 돌아가며 이야기하도록 합니다. 그런 다음에는 아이들에게 친숙한 아이돌 가수나 TV드라마, 영화 등을 떠올려보게 하면 좋습니다. 예를 들어 "방탄소년단 가수를 떠올리면 어떤 감정이 드는지 발표해 볼까요?" 등과 같은 질문으로 자기 감정을 들여다보면서 시작합니다.

❷ 감정 단어를 쓰고 난 후에는 쓴 단어가 '감정'인지 '생각'인지 구별하도록 합니다. 이런 생각이 감정에 영향을 미치긴 하지만, 감정 단어를 적기 전에 미리 예를 들어주며 지도할 필요가 있습니다. 예를 들어 무시한다, 더럽다 등의 단어는 아이들이 사람이나 사물을 보고 스스로 생각한 단어입니다.

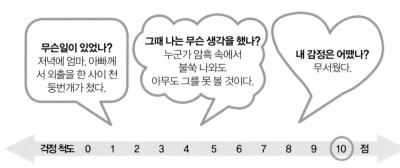

무슨일이 있었나?
저녁에 엄마, 아빠께서 외출을 한 사이 천둥번개가 쳤다.

그때 나는 무슨 생각을 했나?
누군가 암흑 속에서 불쑥 나와도 아무도 그를 못 볼 것이다.

내 감정은 어땠나?
무서웠다.

감정 척도 0 1 2 3 4 5 6 7 8 9 ⑩ 점

❸ 감정과 기분의 차이는 무엇일까요? '표준국어대사전'에서는 '기분'을 대상·환경 따위에 따라 마음에 절로 생기며 한동안 지속되는 유쾌함이나 불쾌함 따위의 감정으로, '느낌'은 몸의 감각이나 마음으로 깨달아 아는 기운이나 감정으로 뜻풀이하고 있습니다. 따라서 '느낌'과 '감정'은 의미에 큰 차이가 없으므로 서로 교체하여 표현할 수 있을 듯합니다. 감정과 기분의 가장 큰 차이는 감정이 기분보다 짧다는 점입니다. 기분은 하루 종일 지속될 수도 있지만, 감정은 몇 분, 때로는 몇 초 간격으로 왔다가 사라집니다. 또 하나의 차이는 '감정'은 시작되어 스스로 인식하면 그 감정이 일어난 원인을 찾을 수 있지만, '기분'은 왜 이런 기분인지 알 수 있는 경우가 드물다는 것 입니다. 아침에 일어나보니 기분이 나쁠 때도 있고, 뚜렷한 이유 없이 갑자기 기분이 나빠지기도 합니다.

나의 감정은?

'나의 감정은?' 활동은 자신의 감정을 친구들에게 표현함으로써 자신의 감정을 정확히 이해하고, 이를 조절할 수 있는 능력을 기르는 활동입니다. 감정툰 카드를 활용한 가장 기본적인 감정 놀이라고 할 수 있습니다.

놀이를 시작해 볼까요

활동유형 모둠활동 · **준비물** 감정툰 카드

놀이방법

1 모둠별로 동그랗게 모여 앉고, 감정툰 카드 한 세트를 나누어 준다.

2 책상 위에 그림이 그려진 앞 면이 보이도록 감정툰 카드를 넓게 펼쳐 놓는다.

3 모둠 안에서 순서를 정한 후, 첫 번째 아이가 현재 자신의 감정과 관련이 있는 카드 한 장을 고른다.

4 친구들에게 자신이 고른 카드를 보여주며, 그 카드를 선택한 이유를 자신의 경험과 관련지어 설명한다.

미안하다
Sorry

(예)
미안하다 :
나는 미안하다 카드를 골랐어.
왜냐하면
오늘 아침에 동생이 내 컵을 사용해서
소리를 지르고 짜증을 냈기 때문이야.

5 시계 반대 방향으로 돌아가면서 다음 차례 아이도 똑같은 방법으로 자신의 감정을 설명한다.

tip
이렇게 놀면 '더' 재미있어요

❶ 시계 방향으로 돌지, 시계 반대 방향으로 돌지 모둠별로 정하게 합니다. 그런 후에 가위바위보로 먼저 시작할 사람을 정합니다. 이렇게 놀이의 과정을 아이들이 하나하나 기획하며 놀이의 주인공이 될 수 있습니다.

❷ 정규 수업 시간 전에 아침을 여는 활동으로 좋습니다.

stop
이것만은 주의해요

❶ 부정적인 감정도 솔직하게 표현하도록 합니다. 부정적인 감정을 폭력이나 공격적인 말로 푸는 것은 옳지 않지만, 자신의 감정이 부정적이더라도 이를 이해하고, 인정하는 것은 나쁜 것이 아닙니다.

❷ 자신의 경험과 관련지어 자세히 설명하도록 지도합니다. 이를 위해 다음 문구의 틀에 따라 설명하도록 합니다.

> 나는_____카드를 골랐어. 왜냐하면_____이기 때문이야.

너의 감정은?

'너의 감정은?' 활동은 감정툰 카드를 활용하여 상대방의 감정을 적극적으로 공감하기 위한 놀이입니다. 나의 감정 뿐만 아니라 친구의 마음도 소중하다는 것을 자연스럽게 알 수 있습니다.

놀이를 시작해 볼까요

활동유형 모둠활동 · **준비물** 감정툰 카드

놀이방법

1 모둠별로 동그랗게 모여 앉고, 감정툰 카드 한 세트를 나누어 준다.

2 책상 위에 그림이 그려진 앞면이 보이도록 감정툰 카드를 넓게 펼쳐 놓는다.

3 모둠 안에서 순서를 정한 후, 첫 번째 아이가 최근에 겪은 인상 깊었던 일을 이야기한다. 이때, 그 경험에서 느꼈던 감정툰 카드를 미리 마음에 담아 놓는다.

4 나머지 모둠원들은 그 말을 듣고 그때 느꼈을 감정을 나타내는 감정툰 카드를 한 장 고른다.

5 첫 번째 아이가 마음 속에 담아놓았던 감정툰 카드와 일치하는 카드를 고른 모둠원이 그 카드를 획득할 수 있다.

6 (반)시계 방향으로 돌아가면서 다음 차례 아이도 똑같은 방법으로 진행한다.

7 가장 많은 감정툰 카드를 획득한 아이가 모둠의 '공감왕'이 된다.

이렇게 놀면 '더' 재미있어요

❶ '나의 감정은?' 놀이와 연계해서 활동하면 효과적입니다.

❷ 나머지 모둠원들의 리액션 구호를 정해, 발표한 경험을 듣고 큰 소리로 반응해 주어도 좋습니다.

(예) 부정적인 경험의 경우 : 저런, 그랬구나!
(예) 긍정적인 경험의 경우 : 우와, 그랬구나!

이것만은 주의해요

❶ 드라마나 만화, 동화 등 허구의 이야기가 아니라, 자신의 직접 겪은 이야기를 하도록 합니다.

❷ 첫 번째 아이의 설명을 듣고 나머지 모둠원이 감정툰 카드를 고를 때, 똑같은 카드를 선택한 경우 먼저 고른 아이에게 우선권을 줍니다.

여왕벌 가위바위보

'여왕벌 가위바위보' 게임은 한 학급 전체가 동시에 할 수 있는 감정놀이
입니다. 각 모둠에서 여왕벌과 일벌로 역할을 분담하고, 놀이를 통해 감
정을 서로 표현하고 공감할 수 있습니다.

놀이를 시작해 볼까요

활동유형 모둠활동, 전체활동 · **준비물** 감정툰 카드

놀이방법

1 모둠별로 감정툰 카드를 한 세트씩 나누어 준다.

2 모둠원 중 한 명이 여왕벌이 되고, 나머지는 일벌이 된다. 여왕벌은 일벌에게 자기 모둠의 감정툰 카드를 한 장씩 나누어 준다.

3. 일벌은 교실을 돌아다니며 다른 모둠의 일벌을 만나 가위바위보를 한다. 이긴 사람은 카드를 가져올 수 있는 기회가 있다. 단, 상대편의 카드를 보고 그 감정에 해당하는 자기 경험을 이야기 해야만 카드를 가져올 수 있다.

4. 카드를 뺏긴 일벌은 자기 모둠의 여왕벌에게 돌아와 다시 감정 카드를 가지고 다른 모둠의 일벌과 만난다.

5. 정해진 시간에 가장 많은 감정툰 카드를 가지고 있는 모둠이 게임에서 승자가 된다.

이렇게 놀면 '더' 재미있어요

❶ 여왕벌과 일벌 역할은 가위바위보를 통해 정해도 되지만, 모둠에서 협의하여 정하도록 합니다. 아이들이 놀이 규칙을 직접 정하고 참여할 때 놀이는 더욱 재미있어 집니다.

❷ 여왕벌 역할은 중간에 교체가 가능합니다. 여왕벌을 맡은 아이는 시간이 지날수록 지루해지기 쉽습니다. 일정한 시간이 지나면 서로 교체할 수 있도록 안내하는 것이 좋습니다.

이것만은 주의해요

❶ 감정툰 카드를 획득하기 위해, 원칙적으로 자신의 직접 겪은 경험을 이야기하도록 합니다. 그러나 직접 겪은 경험을 말하기 어려운 경우, 책이나 영화에서 본 내용을 상상해서 말해도 됩니다. 단, 감정툰 카드에 그려진 그림을 설명하지 않도록 지도합니다.

❷ 반 전체가 동시에 진행하는 놀이이므로 사전에 놀이 규칙을 자세하게 설명합니다.

뒷면 보고
감정 맞히기

'뒷면 보고 감정 맞히기' 게임은 감정툰 카드의 구조를 활용하여 감정을 익힐 수 있는 놀이입니다. 아이들 눈높이에 맞춰 풀이해 놓은 감정 낱말 (카드 뒷면)을 활용해 아이들과 감정을 나누어볼 수 있는 활동입니다.

나보다 나은 점이 탐나고 미워요.

감정툰

놀이를 시작해 볼까요

활동유형 모둠활동 · **준비물** 감정툰 카드

놀이방법

1 모둠별로 감정툰 카드 한 세트를 나누어 준다.

2 모둠원 중 한 명을 심판으로 정한다. 심판은 카드의 앞면이 보이지 않도록 가지고 있는다.

3 심판은 쥐고 있는 카드의 감정을 확인하고, 뒷면이 보이도록 감정툰 카드를 책상 위에 내려놓는다.

4 카드의 뒷면 문구를 보고, 모둠원이 그 카드가 나타내는 감정을 맞춘다.

5 정답을 맞힌 아이가 그 카드를 획득한다.

6 정해진 시간 동안 카드를 제일 많이 가져간 모둠원이 게임의 승자가 된다.

이렇게 놀면 '더' 재미있어요

❶ 심판은 모둠원끼리 돌아가면서 하도록 합니다.

❷ 이 놀이를 통해 감정 낱말을 익히게 되면, 반대로 앞면의 감정 낱말을 보여주고, 그 뜻을 말해보도록 해도 좋습니다.

이것만은 주의해요

❶ 캐릭터 카드는 미리 빼고 시작합니다.

❷ 아무도 맞히지 못하는 카드가 나온 경우, 모둠원의 합의 하에 그 카드를 뒤집어서 정답을 확인한 후 옆으로 빼놓습니다.

인디언 감정툰 게임

'인디언 감정툰 게임'은 규칙이 어렵지 않으면서도 재미있게 서로의 감정을 공감할 수 있는 놀이입니다. 쉬는 시간에 아이들끼리도 쉽게 할 수 있다는 장점이 있습니다.

놀이를 시작해 볼까요

활동유형 모둠활동 · **준비물** 감정툰 카드(캐릭터 카드 포함)

놀이방법

1 모둠별로 감정툰 카드를 한 세트 나누어 준다.

2 감정툰 카드를 모둠 책상 가운데 엎어서 놓는다.

3 모둠원 중 순서를 정해 첫 번째 아이가 감정툰 카드 하나를 뽑아 자기 이마에 붙인다.

4 나머지 친구들이 돌아가면서 그 감정을 느꼈던 상황에 대해 첫 번째 아이에게 설명해 준다.

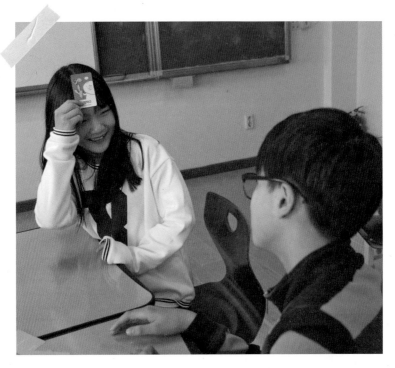

5 모둠원의 설명을 듣고, 첫 번째 아이는 자신이 들고 있는 감정툰 카드가 무엇인지 알아맞힌다.

6 감정툰 카드를 알아맞히도록 설명해준 모둠원이 그 카드를 획득한다.

7 (반)시계 방향으로 돌아가면서 위와 같은 방법으로 진행한다.

8 감정툰 카드를 많이 획득한 친구가 '모둠 공감왕'으로 등극하며, 모두가 이를 칭찬하며 게임을 마친다.

이렇게 놀면 '더' 재미있어요

❶ 이마에 감정툰 카드를 붙일 때에는 한 손으로 잡고 있도록 합니다. 스냅백이나 모자 챙 위에 올려놓고 게임을 진행해도 좋습니다.

❷ 헤드밴즈 보드게임의 머리띠를 준비하고, 감정툰 카드를 끼워 활용하면 더욱 실감나게 진행할 수 있습니다.

❸ 개인별로 경쟁하지 않고 모둠이 함께 협력하여 모두 몇 장을 모았는지 확인해 줍니다. 이렇게 모둠이 협력하게 하면 좀 더 쉽게 설명하고, 모둠 아이들끼리도 소속감을 가지게 됩니다.

Stop
이것만은 주의해요

❶ 이마에 카드를 붙이는 아이가 캐릭터 카드를 뽑았을 경우, 다른 모둠원이 이를 알려줍니다. 그 캐릭터 카드는 뽑은 아이가 획득하도록 합니다.

옥토끼
Rabbit

펭귄
Penguin

병아리
Chick

원숭이
Monkey

꽃게&문어
Swimming crab & Octopus

❷ 두 바퀴가 도는 동안 모둠원의 설명에 답하지 못하면, 그 카드는 모둠 책상 가운데 내려놓습니다. 맞추지 못한 카드는 아무도 가져갈 수 없습니다.

❸ 감정툰 카드에 그려진 그림을 설명하지 않도록 지도합니다. 원칙적으로는 직접 겪은 일을 바탕으로 설명하도록 합니다.

memo

감정 '두 줄 일기' 쓰기

감정 '두 줄 일기' 쓰기 놀이는 우리 반 아이들의 감정을 살필 때 매우 요긴한 활동입니다. 매일하기에 부담이 없으면서도 규칙적인 글쓰기를 통해 작문 실력도 성장할 수 있습니다. 뿐만 아니라 감정 표현에도 익숙해집니다.

놀이를 시작해 볼까요

활동유형 개인활동 · **준비물** 감정툰 카드, 감정 출석부, 일기장

놀이방법

1. 매일 아침, 교실에 들어서면 자신의 자석 이름표를 '감정툰 출석부' 감정 칸에 붙인다.

2. 자신이 왜 그런 감정을 느끼는지, 그 감정과 이유를 일기장에 두 줄로 적는다.

이렇게 놀면 '더' 재미있어요

❶ 감정툰 출석부는 교실에 들어와 바로 표시할 수 있도록 칠판의 오른 편에 붙여 두면 좋습니다. 교실에 들어서며 선생님께 인사를 드리고, 자연스럽게 감정툰 출석부에서 자기 이름 자석을 골라 원하는 감정에 올려놓으면 됩니다.

❷ 선생님과 인사할 때에는 4H를 활용하면 좋습니다. 첫 번째 H는 Hello, "안녕하세요"라고 인사를 나누고, 두 번째 H는 How are you? 안부 인사입니다. 이때 감정 단어를 보며 이야기 나누는 것이 좋습니다. "우울하다고 골랐는데, 무슨 일인지 물어봐도 되겠니?" 물론 아이가 이야기하기 싫어하면 강요하지 않습니다. 다른 날보다 부정적인 감정에 표시된 아이들은 좀 더 유심히 관찰할 필요가 있습니다.

❸ 실제 두 줄 일기를 쓸 때에는 먼저 첫 줄에는 날짜를 쓰고, 둘째 줄부터 셋째 줄까지 감정툰 출석부에 표시한 감정 단어를 넣어 짧은 두 줄 일기를 쓰면 됩니다.

> 2018년 4월 30일 (월)
> 주말에 가족들과 멀리 여행을 다녀오느라 숙제를
> 못해서 걱정된다. 미리 가기 전에 하고 갔어야 했는데...

❶ 부정적인 감정도 솔직하게 나타내도록 합니다. 부정적인 감정을 느끼는 것 자체는 나쁜 것이 아니며, 이를 두 줄 일기로 표현함으로써 궁극적으로는 감정을 스스로 조절할 수 있도록 지도하는 것이 좋습니다.

❷ 이 활동을 통해 특별히 관심이 필요한 아이는 방과 후에 개인 상담을 하도록 합니다.

감정툰 빙고 게임

'감정툰 빙고 게임'은 아이들에게 익숙한 빙고 게임을 감정툰 카드를 활용하여 재구성한 놀이입니다. 옥이샘의 골든벨판(뒷면은 빙고판)을 함께 활용하면 더 즐거운 게임을 진행할 수 있습니다.

놀이를 시작해 볼까요

활동유형 모둠활동, 전체활동 · **준비물** 감정툰 카드, 3×3칸 빙고판

놀이방법

1. 9개의 칸에 '내가 바라보는 나'와 관련된 5가지 감정과 '남이 바라보는 나'와 관련된 4가지 감정툰 카드를 올려놓는다.

2. 9개의 감정 중 지금 가장 와 닿는 감정이 무엇인지 릴레이 지명으로 발표한다. 불러준 감정이 있으면, 그 칸의 감정툰 카드를 뒤집는다.

3. 그 외 게임의 진행 규칙은 일반 빙고 게임과 똑같이 진행한다.

① 감정툰 카드를 사용하지 않고 빙고판에 직접 감정을 적어서 빙고 게임을 해도 좋습니다.

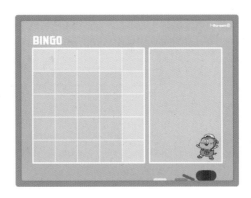

① 감정툰 카드의 감정은 모두 35개입니다. 따라서 3명 이상이 감정툰 카드를 가지고 게임을 할 경우, 카드의 개수가 충분하지 않을 수 있습니다. 그럴 때는 감정툰 카드를 직접 쓰지 않고, 감정 낱말을 빙고판에 쓰도록 합니다. 감정 낱말은 감정툰 카드에 제시된 35개의 감정으로 제한하면 원활한 게임 진행에 좋습니다.

나만의 감정툰, 감정 만화 그리기

'나만의 감정툰, 감정 만화 그리기' 놀이는 아이들이 직접 자신의 경험을 담은 감정툰(감정 만화)을 그리는 활동입니다. 감정툰 카드를 활용하여 미술 시간에 자신의 마음을 표현하고 친구의 마음을 공감할 수 있습니다.

놀이를 시작해 볼까요

활동유형 개인활동

준비물 감정툰 카드, 옥이샘 감정툰 활동지 혹은 도화지, 색칠도구(색연필, 사인펜 등)

놀이방법

1 모둠별로 모여 앉고, 감정툰 카드를 한 세트씩 나누어 준다.

2 자신이 그리고 싶은 감정툰 카드를 고른다.

51

3 도화지 혹은 활동지에 자신이 고른 감정과 관련된 경험을 만화로 그린다.

※ 옥이샘의 감정툰 그리기 활동지는 '옥이샘 블로그'에서 다운로드 가능합니다

4 완성한 나만의 감정툰을 학급 친구들에게 발표한다. 감정툰으로 나타
낸 경험을 말하고 그 때의 감정을 이야기하도록 한다.

이렇게 놀면 '더' 재미있어요

❶ 활동지 1번의 카드 3장은 자신의 최근 경험과 관련된 감정을 고르도록 해도 좋습니다.

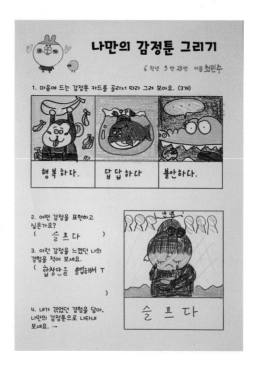

이것만은 주의해요

❶ 자신이 직접 겪은 경험을 담아 만화를 그리도록 지도합니다.

❷ 사전에 충분히 감정에 대해 생각해보는 시간을 갖도록 합니다.

감정툰 스토리텔링 만들기

'감정 스토리텔링 만들기' 놀이는 감정툰 카드를 활용하여 짧은 동화를 만들어 보는 활동입니다. 국어 교과와 통합하여 감정에 대한 학습을 할 수 있습니다.

놀이를 시작해 볼까요

활동유형 모둠활동, 개인활동 · **준비물** 감정툰 카드, 공책

놀이방법

1 모둠별로 앉고, 감정툰 카드 한 세트를 나누어 준다.

2 감정툰 카드를 모둠 책상 가운데 펼쳐 놓는다.

3 무작위로 감정툰 카드 4장을 고른다. 4개의 감정 단어를 넣어 짧은 동화를 만들어 공책에 적어본다.

2 설레다
Hopeful

1 신나다
Excited

22 무섭다
Scared

20 걱정되다
Worried

(예)

옥토끼는 내일 놀이공원에 친구들과 놀러간다고 생각하니, 무척 설렜습니다. 드디어 오늘, 동물 친구들과 놀이기구를 신나게 탔답니다. 롤러코스터는 약간 무서웠어요. 즐거운 하루였지만, 과제를 하나도 못해서 걱정이 되었어요.

4 모둠원들끼리 돌아가며 자신의 동화를 발표한다.

이렇게 놀면 '더' 재미있어요

❶ 자신이 직접 창작한 동화의 표지나 삽화를 그려보아도 좋습니다. 완성 후 책처럼 제본해서 친구들끼리 돌려 보고, 별점이 많은 친구는 베스트셀러 작가에 등극합니다.

이것만은 주의해요

❶ 모둠 별로 앉지만, 활동은 개인 활동입니다. 모둠 별로 앉은 이유는 감정툰 카드 세트를 개인별로 나누어 주기 어렵기 때문입니다.

❷ 주인공은 가상의 인물을 만들어 내거나 교과서 속 인물을 그대로 활용합니다. 예를 들어 국어 교과서 이야기의 뒷 내용을 상상해서 쓰면 됩니다.

❸ 감정 낱말의 어미를 바꾸어 다양하게 활용해도 좋습니다.
(예)
억울하다-억울하고-억울했다-억울했는데-억울할까?

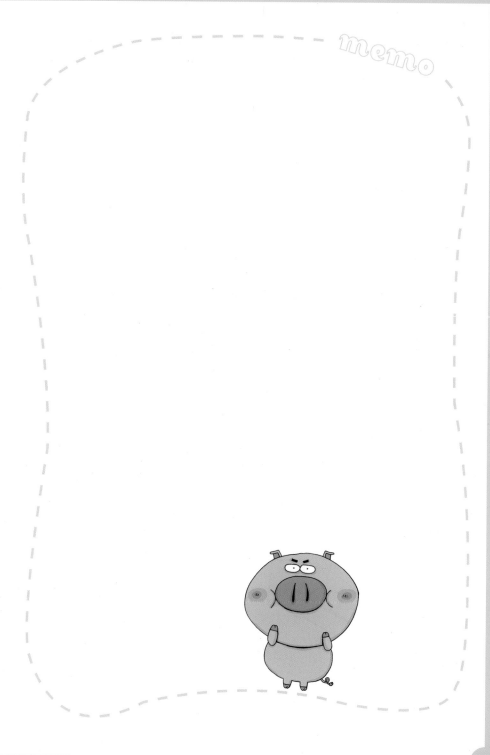

memo

감정툰 스피드퀴즈

'감정툰 스피드퀴즈' 게임은 모둠별 대항 형식 혹은 한 반을 두 팀으로 나누어 진행하는 퀴즈 게임입니다. 감정툰 스피드 퀴즈를 하면 감정에 대한 높은 흥미를 얻을 수 있고, 언어 표현력을 키울 수 있습니다.

놀이를 시작해 볼까요

활동유형 모둠활동, 전체활동 · **준비물** 감정툰 카드, 타이머

놀이방법

1. 모둠원 중에 한 명은 '정답이', 나머지 구성원은 '설명이'가 된다.

2. '설명이'들은 일렬로 줄을 선 상태에서 '정답이'와 마주 본다.

3. 교사는 무작위로 한 모둠 당 10장의 카드를 고른다.

4. 교사는 '정답이' 뒤에서 한 장씩 카드를 맨 앞의 '설명이'에게 보여준다.

5 '설명이'는 교사가 제시한 감정 단어를 말과 행동으로 묘사한다.

6 '정답이'가 정답을 맞히거나 오답을 말하면, '설명이'는 줄 맨 뒤로 이동하고 다음 순서의 설명이가 설명을 한다.

7 타이머를 이용해서 정해진 시간(3분) 동안 게임을 진행한다. 가장 많이 맞힌 모둠이 게임의 승자가 된다.

※ 아이스크림 LED 빅타이머

이렇게 놀면 '더' 재미있어요

❶ '정답이' 뒤에서 감정툰 카드를 보여주는 역할은 교사가 아닌 아이들 중 한 명이 해도 상관없습니다.

❷ 타이머는 웹상의 타이머를 TV 화면에 보여주어도 좋지만, 실물 타이머를 칠판 에 부착하여 활용하면 더욱 재미있게 즐길 수 있습니다.

stop

이것만은 주의해요

❶ '설명이' 한 명 당 한 번의 설명을 하도록 합니다. 한 번 설명하고 '정답이'가 정답을 맞히지 못하면 바로 맨 뒤로 이동해야 합니다. 다른 설명을 연이어 하지 않도록 하 고, 다음 순서를 '설명이'의 차례로 넘깁니다.

❷ 설명이 이해가 어려운 경우, 정답이가 "패쓰!"라고 외칠 수 있습니다. 그러면 설 명하던 '설명이'는 맨 뒷줄로 이동하고, 다음 '설명이'에게 기회가 넘어갑니다.

❸ 여러 번의 설명에도 정답을 맞추지 못하는 경우, 그 감정툰 카드 자체를 패쓰할 수 있습니다. 이런 경우, 적절한 감점을 주도록 합니다.
(예) 정답을 못 맞춘 감정툰 카드 한 장 = 10초

감정툰 또래중재

'또래중재'란 또래의 친구가 객관적인 입장에서 서로 갈등하는 친구들의 화해 방법을 찾도록 도와주는 것을 말합니다. '또래중재'는 재판이나 판결이 아니라 갈등 당사자들이 문제 해결책을 최대한 찾게 지원해주는 과정을 통해 단절된 두 아이 사이에 행복의 다리를 놓는 것입니다. 그 과정 중에 감정툰 카드를 사용하면 더욱 평화로운 '또래중재'가 가능합니다.

놀이를 시작해 볼까요

활동유형 모둠활동 · **준비물** 감정툰 카드

놀이방법

1 모둠별로 앉고, 학생1, 학생2, 중재자, 기록자로 역할을 나눈다. 학생1과 학생2, 중재자와 기록자가 서로 책상을 마주보고 앉는다.

2 감정툰 카드를 책상 위에 펼쳐놓는다.

3 먼저 갈등 상황을 모둠별로 상의하여 정한다. 간단한 역할놀이 사례만 제시하고, 학생1과 학생2는 최대한 자기의 상황을 실제처럼 연기하도록 한다.

갈등상황 1
학생 1 : 복도에서 내가 가만히 있는데 뛰어가다 한 친구와 부딪혔다. 그래서 학생2를 밀었다.
학생 2 : 학생 1이 밀어서 화가 났다.

갈등상황 2
학생 1 : 학생 2가 나에게 욕을 해서 짜증이 났다.
학생 2 : 나는 친구에게 욕을 하지 않았다. "어이구. 이 한심아"이건 욕도 아니다.

갈등상황 3
학생 1 : 또 도망가네, 학예회 연습에 자꾸 빠질 거야? 너만 바쁘냐!
학생 2 : 누군 빠지고 싶어서 빠지나? 학원 빠지면 아빠한테 맞는단 말이야. 집에서도 연습하고 있다고, 제발 잘난 척 좀 하지마라. 너보단 잘하니까.

4 학생1과 학생2가 차례대로 자신의 입장을 이야기한다. 이때 중재자는 "마음에서 일어나는 감정을 감정툰 카드 중에서 골라주세요. 그리고 상대방에게 무엇을 원하는 지 속마음을 말해주세요. 상대방이 말할 때는 귀 기울여 듣고 친구가 원하는 것을 중요하게 생각해 주세요."라고 말한다.

5 중재자와 두 아이는 문제를 해결하기 위해 의견을 나누는데, 해결책을 최대한 많이 찾아보도록 한다. 그리고 말한 의견을 기록자가 빠짐없이 정리한다.

갈등 해결방안을 최대한 많이 쓰시오

양측이 합의 한 내용을 쓰시오
(또는 합의한 곳에 √표시 하시오.)

6 마지막으로 함께 만들어 낸 해결책을 통해 합의서를 작성한다.

7 합의서에 서명하고, 또래중재를 마친다.

학년 (　　)반 (　　　)모둠

-또래중재 합의서-

우리는 자발적으로 중재에 참여했습니다. 우리는 공정하며 우리 사이의 문제를 해결할 수 있다고 믿는 합의에 이르렀습니다. 우리는 우리가 만든 합의서를 존중하고 지킬 것이며 만약, 우리가 그에 따르지 않거나 또 다른 갈등이 생긴다면 다시 또래중재 과정에 참여하겠습니다.

합의한 날 : 2018년.　　.　　.

이름 :＿＿＿＿＿＿＿(서명)

이름 :＿＿＿＿＿＿＿(서명)

중재자:＿＿＿＿＿＿＿(서명)

-우리의 합의-

이렇게 놀면 '더' 재미있어요

❶ 처음에는 역할극 대본을 구체적으로 작성합니다. 수업 시작 전에 연극을 좋아하는 아이들에게 부탁해 문제 상황만 역할극을 하도록 하면 좋습니다.

> **지우** : "예원이 네가 빠져서 우리 모둠의 역할극 연습에 문제가 생겼잖아."
>
> **예원** : "지우야, 나도 너희 때문에 속상해. 왜 그렇게 자주 모이니?"
>
> **지우** : "나는 학원을 많이 다녀서 해야 할 과제가 많아. 그리고 매일 만나서 연습을 열심히 하는 것도 아니잖아."
>
> **예원** : "역할극을 하려면 함께 의논하고 연습할 것이 많아. 그런데 어떻게 너는 네 생각만 하니?"

❷ 또래중재 신청서를 준비해 수업이 끝난 후에도 언제든지 또래중재를 할 수 있도록 합니다. 교실에서 4명 정도의 중재자를 미리 선정해 처음 하는 과정은 선생님도 함께 참여해 지켜봐 주시는 것이 좋습니다.

- 또래중재 신청서 -

신청 이유 :

신청자 이름 : _____(서명)

신청한 날 :   년   월   일

이것만은 주의해요

1 중재자는 어떤 아이가 맡아야할지 함께 이야기 나누도록 합니다.

실제로 교실에서 우리의 고민을 이야기할 수 있는 친구는 어떤 친구여야 하는지 먼저 이야기를 나누도록 합니다. '친구의 갈등을 평소에 잘 중재하는 친구', '이야기를 잘 들어주는 친구', '대화를 잘 할 줄 아는 친구', '친구들을 잘 도와주는 친구' 등 발문 후에 교실에서도 그런 친구들을 추천받아 모둠별로 중재자를 지명하는 것이 좋습니다.

2 또래중재를 맡은 중재자는 처음 시작할 때 다음과 같은 약속을 미리 하는 것이 좋습니다.

"제가 두 사람의 중재를 서는 것에 동의하나요?"

"또래중재라는 것은 제가 해결책을 찾아주는 것이 아니라 둘이 무슨 일이 있었는지 이야기하고, 공정한 문제 해결 방법을 찾는 것입니다. 또래중재로 문제 해결하는 것에 동의하나요?"

"좋습니다. 그렇다면 기본 규칙을 듣고 동의해 주세요."

"규칙1은 서로 화가 나더라도 끝까지 들어주는 것입니다. 그게 서로 존중하는 방법입니다. 동의하나요?"

"규칙2는 말할 때 한 사람씩 차례대로 말하겠습니다. 동의하나요?"

"규칙3은 또래중재가 끝날 때까지 자기 자리를 떠나면 안 됩니다. 동의하나요?"

3 해결책을 적은 후에는 짚어가며 동의하는 과정을 거칩니다.

"하나씩 짚었을 때, 동의하면 동의한다고 말해주세요. 만약 그렇지 않다면 반대하는 이유를 설명해 주세요."

마법의 약 '인사약'

마법의 약 '인사약' 활동은 서로 갈등 관계에 있는 두 아이를 감정툰 카드로 상담하고, 마법의 약 '인사약'을 이용해 서로에게 사과할 수 있도록 도와주는 특별한 감정 놀이입니다. 서로에게 서운한 감정을 감정툰 카드 고르고 이야기 하면서 자연스럽게 안 좋은 감정들이 사라지게 됩니다.

놀이를 시작해 볼까요

활동유형 짝활동, 모둠활동 · **준비물** 감정툰 카드

놀이방법

이제 제법 친해진 친구들과 교실은 조금씩 소란스러워지기 시작합니다. 쉬는 시간, 책상 사이를 뛰어가던 영대가 선영이의 책상에 부딪히며 책상 위에 놓여있던 필통이 떨어지며 필통 속 연필, 지우개 등이 바닥에 쏟아졌습니다. 화가 난 선영이가 소리쳤습니다.

"야, 이게 뭐하는 짓이야."
"미안해, 됐지?"
"그렇게 말하면 끝이야?"
"그럼, 어쩌라고. 미안미안미안… 이제 됐어?"

잘못한 아이에게 사과하라고 하면 흔히 듣는 대답입니다. 서투른 선생님은 이럴 때 흔히 재판관이 되어 판결을 내립니다. "네가 잘못했네, 어서 친구에게 미안하다고 말해." 만약 아이가 "미안해."라고 말하면, 아직 감정이 풀리지 않은 피해자 아이에게 "사과했으니까 됐지?"라며 억지 사과를 받게 하기도 합니다. 하지만 사과 했다고 마음이 풀리는 건 아닙니다. 그 상황에서 아이들의 감정은 어떨까요? '억울함'과 '불편함' 입니다. 내 감정이 전달되지 않는 것에 대한 억울함, 그리고 아직 감정이 남았는데 사과를 해야 하는 불편함. 이런 훈육을 받은 아이들은 커서도 쉽게 사과하지 못하게 됩니다.
어떻게 사과하느냐에 따라 아이들의 관계는 회복되기도 하고, 더욱 악화되기도 합니다. 『학급긍정훈육법』에 실린 교사의 10계명 중 네 번째 계명은 바로 '아이들의 싸움에 편을 들거나 재판관이 되지 마라.'입니다. 이렇게 비유해 보겠습니다. 두 아이가 서로에게 화살을 쏴 서로 맞았습니다. 가장 먼저 해야 할 일은 무엇일까요?
맞습니다. 화살을 뽑고 치료를 해주어야지, 누가 먼저 화살을 쐈는지 가리면 안 됩니다.

1 싸우거나 갈등 관계에 있는 아이들을 자리에 앉히고, 감정툰 카드를 모두 펼쳐 놓는다.

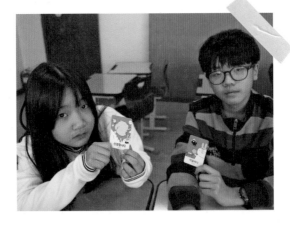

2 각자 현재 자신의 감정을 고르도록 한다. 차분하게 자신의 감정을 고르는 동안, 격해졌던 마음을 가라앉힐 수 있다.

3 자신이 왜 이 감정을 골랐는지 한명씩 차례대로 이야기하게 한다.

4 이때 서운했을 감정을 공감해주고, 상대방에게도 서운한 마음에 대해 어떻게 생각하는지 물어본다.

"민수는 경철이가 싫어하는 별명을 불러서 많이 속상했겠구나."
"경철이는 민수가 이렇게 속상해하는지 알았니?"
"경철이는 잘못한 것은 알지만, 민수가 경철이의 부모님 욕까지 해서 짜증이 난 거란 말이지?"
"둘 다 서로에게 서운하게 한 점을 잘못했다고 인정해줘서 고맙다. 잘못을 인정하는 것은 어른들도 어려운 일이거든."

5 마법의 약 '인사약'에 대해 소개하고 실제로 사과한다.

"인"이라고 불러주면, 아이가 "네가 싫어하는 별명을 불러서"라고 잘못을 인정하는 것이 사과의 첫 단계이다. "사"라고 불러주면 "정말 미안해."라고 사과한다. "약"이라고 부르면, "앞으로는 별명을 부르지 않고 이름으로 부를게."라고 약속한다.

6 서로 번갈아가며 서로에게 서운했던 점을 '인사약'에 맞추어 사과한다.

7 용기를 내어 사과한 마음을 인정해주고, 다음에는 이런 일이 없도록 노력하자고 다짐하고 마무리한다.

이렇게 놀면 '더' 재미있어요

❶ '인사약'이 익숙해지면, 4단계 '인사의약(인정─사과─의견 묻기─약속하기)'으로 사과하는 방법을 지도합니다. 예를 들어 동호가 뛰어가다 선영이의 필통을 떨어 뜨리고 갔다면,

　　동호 : (인정) "내가 뛰다가 필통을 떨어뜨려서"
　　　　　 (사과) "정말 미안해"
　　　　　 (의견 묻기) "내가 어떻게 하면 좋을까?"
　　선영 : "필통을 책상 위에 올려 주고 사과했으면 좋겠어."
　　동호 : (약속하기) "앞으로는 떨어뜨린 물건은 꼭 올려놓고 사과할게."

❷ 역할극을 만들어서 실제로 아이들이 그들의 말로 진행해보는 과정이 필요합니다. 지속적인 연습을 통해 아이들이 이런 과정에 익숙하게 만들어야 합니다. 이 것이 의식적으로 사회적 기술을 가르치는 방법입니다.

❸ 인정─사과─약속 카드를 앞에 내밀며 연습하는 과정을 경험하도록 도와주세요. 카드를 내밀고 이야기하는 과정 속에서 평소에도 자연스럽게 사과할 수 있는 아 이들로 자라게 됩니다.

자칫 선생님이 아이들의 대답만 듣다 보면, 평소 문제를 일으키던 아이의 잘못으로 판단해버리기 쉽습니다. 교사는 이때 누구보다 공정해야 합니다. 그리고 아이들의 억울한 감정을 알아차리고 읽어주어야 합니다. 이런 과정을 반복하다보면 새로 만난 아이들과의 학급경영에서 80% 가까운 문제들이 갈등이 되기 전에 미리 해결될 수 있습니다.

이것만은 주의해요

❶ 아이가 사과를 한 후에는 "그렇게 이야기해줘서 정말 고마워. 잘못을 인정하는 것은 어른들도 쉽지 않은 거란다."라고 말해 주세요. 아이들이 사과를 하지 못하는 것은 그동안 어른들이 사과하는 모습을 보여주지 않아서라고 생각합니다.

❷ 사과를 들은 아이가 억지로 사과를 받아들이도록 강요하지 않습니다. 만약 아이가 속상해 한다면 이렇게 말해줍니다.
"물론 이 말을 들었다고 네 마음이 당장에 풀릴 거라고 생각하진 않아. 하지만 오늘부터는 선생님이 꼭 챙겨보고 도와줄게. 또 이런 일이 생기면 가장 먼저 선생님에게 알려주겠니?"

감정툰 헤어밴드 게임

'감정툰 헤어밴드 게임'은 운동회 때 사용하고 남은 청군, 백군 머리띠를 이용하여 진행할 수 있는 감정 놀이입니다. 모든 아이들이 이마에 머리 띠를 착용한 후, 내 이마에 어떤 감정툰 카드가 있을지 알아맞히는 놀이 입니다.

놀이를 시작해 볼까요

활동유형 모둠활동 · **준비물** 감정툰 카드, 운동회용 헤어밴드

놀이방법

1. 교사는 감정툰 카드 한 세트 중에서 상대방에게 설명하기 어렵지 않은 감정들을 아이들 인원 수만큼 골라낸다.

2. 모둠별로 모여 앉고 머리에 운동회용 헤어밴드를 착용하도록 한다.

3. 교사 앞에 아이들이 한 줄로 서면 교사는 아이들 헤어밴드에 각각 한 장씩 감정툰 카드를 끼워 준다.

4 교사의 "시작!" 신호와 함께 아이들은 이리 저리 걷다가 만난 사람과 하이 파이브를 한다.

5 두 사람이 가위바위보를 하고, 이긴 사람은 진 사람에게 감정에 대한 질문을 할 수 있다.

6 하이파이브로 헤어지고, 역시 같은 방법으로 여러 사람들을 만나 감정에 대한 질문을 하여 자신의 이마에 어떤 감정이 있는지 조사한다.

7 정답을 알아차리면, 교사에게 다가와 "도전!"이라고 외치고, 정답을 말한다. 정답을 맞춘 경우 자기 자리에 돌아와 앉을 수 있다.

❶ 운동회용 헤어밴드에 감정툰 카드를 끼울 때에는 거꾸로 끼웁니다. 감정툰 카드를 그냥 끼우다 보면 감정툰 카드의 감정이 보이지 않아 상대편 아이가 설명하기 곤란한 경우가 생깁니다. 처음 헤어밴드에 넣어줄 때부터 거꾸로 넣어서 글자가 거꾸로 상대방에게 보이도록 합니다.

❷ 각자 가지고 간 감정툰 카드를 처음 만난 짝과 끼어주도록 합니다. 처음에는 교사가 일일이 끼워주지만, 카드를 끼워주는 것도 꽤 오랜 시간이 걸립니다. 다음에 할 때에는 둘씩 짝을 지어 만나면 서로 끼워주도록 합니다.

❸ 해결책을 적은 후에는 짚어가며 동의하는 과정을 거칩니다. "하나씩 짚었을 때, 동의하면 동의한다고 말해주세요. 안된다면, 반대하는 이유를 설명해 주세요." 라고 미리 공지합니다.

❶ 가위바위보를 진 사람도 이긴 사람의 질문에 대해 서로 대답할 수 있도록 합니
다. 실제로 놀이를 하다 보면, 가위바위보를 못 해서 남아 있는 학생이 많습니다.
가위바위보에서 져도 이긴 사람이 한 질문을 서로 돌아가면서 대답하도록 하면,
이긴 사람은 질문을 만들 권리를, 진 사람도 나름대로 상대방의 감정에 대한 정
보를 얻게 됩니다.

❷ 질문에 대한 답은 "예", "아니오"만 가능하도록 변형합니다. 예를 들어 가위바위
보에서 이긴 사람이 "이 감정은 긍정적인 감정입니까?", 또는 "이 감정을 느낄 때
행복합니까?" 등 상대방이 "예" 또는 "아니요"의 대답만 가능하도록 하면, 학생
들의 질문이 좀 더 정교해지고 수준이 높아집니다.

감정툰 할리갈리 게임

'감정툰 할리갈리 게임'은 빠른 진행과 간단한 규칙으로 아이들이 가장 좋아하는 놀이 중 하나인 할리갈리 게임을 감정툰 카드를 이용해 즐길 수 있는 놀이입니다.

놀이를 시작해 볼까요

활동유형 모둠활동 · **준비물** 감정툰 카드, 종 또는 종이 뭉치

놀이방법

1 모둠별로 동그랗게 모여 앉고, 감정툰 카드 한 세트를 나누어 준다.

2 먼저 감정툰 카드를 같은 색깔 계열로 나누어 모아보도록 한다. 분홍색, 보라색, 초록색, 주황색 계열과 노란색, 검은색으로 나눌 수 있다.

※ 여기서 잠깐!

카드를 같은 색깔로 나누는 방법은 아래와 같이 두 가지로 가능합니다.

같은 번호 색깔의 카드

같은 배경 색깔의 카드

3 시작하기 전에, 카드를 8장씩 나눠서 각자의 앞에 놓고, 종을 중앙에 놓는다 (만약 종이 없다면, 색깔이 다른 종이를 뭉쳐 가운데 종 대신 놓는다). 마지막으로 남은 3장의 카드는 따로 종 아래에 넣어 둔다.

4 가위바위보로 순서를 정하고, 정해진 방향으로 돌아가면서 자기 차례가
   되면 카드 한 장을 뒤집어서 앞에 놓는다. 만약 다른 카드가 펼쳐져 있으
   면 그 위에 놓는다.

5 맨 위의 펼쳐진 모든 카드 중에서, 같은 계열의 색깔이 2장 이상이면 빨리
   종을 친다.

6 가장 빨리 종을 친 사람이 펼쳐진 모든 카드를 가져간다.

7 같은 계열의 색깔이 2장 이상이 아닌 데 실수로 종을 치면, 벌칙으로 카드
   한 장을 종 밑에 깐다. 그 다음에 가져간 사람이 종 밑에 있는 카드도 가져
   간다.

8 카드를 모두 가져간 사람이 승자가 된다.

이렇게 놀면 '더' 재미있어요

❶ 색깔 대신 같은 동물 그림이 2장 이상 나오면 종을 칠 수 있도록 합니다. 이때, 병아리 그림은 너무 많으니 부르지 않기로 합니다. 또한 2가지 이상의 동물이 있을 경우에 가장 큰 동물이거나 가운데 있는 동물을 대상으로 합니다.

❷ '우울하다' 검정색 감정툰 카드는 한 장뿐입니다. 또한 '만족하다', '미안하다' 노란색 카드도 두 장뿐입니다. 시작하기 전에 이 세 장을 조커로 약속하고, 나오면 무조건 먼저 종을 치는 아이가 놓인 카드를 가져가도록 약속합니다.

이것만은 주의해요

❶ 분홍색은 세 장밖에 없기 때문에 주황색과 같은 계열로 약속하는 것이 좋습니다. 사전에 미리 약속하지 않으면 우연히 두 장 이상 나올 확률이 거의 없기 때문입니다.

❷ 카드를 뒤집을 때는 상대방이 먼저 볼 수 있도록 들어 올려야 합니다. 이 약속을 지키지 않으면, 무조건 한 번 다음 게임에 쉬어야 합니다.

감정툰 고피쉬 게임

'감정툰 고피쉬(GO FISH) 게임'은 원어민 영어 교사들이 가장 애정하는 영어 단어 학습 게임인 고피쉬(GO FISH) 게임을 감정툰 카드로 즐겨보는 놀이입니다. 상대를 지명해 자신이 가진 감정툰 카드의 감정과 비슷한 감정이 있는지 묻고, 있다면 카드를 내려놓을 수 있습니다.

놀이를 시작해 볼까요

활동유형 모둠활동 · **준비물** 감정툰 카드, 감정 분류표

놀이방법

1 모둠별로 동그랗게 모여 앉고, 감정툰 카드 한 세트를 나누어 준다.

2 캐릭터 카드 5장을 제외하고 35장의 카드를 각자 5장씩 20장을 나눈다(4명 한 모둠일 경우). 남은 15장의 카드는 바닥에 더미로 쌓아 둔다.

3 누가 먼저 할지 가위바위보로 순서를 정한다.

4 스톰앤스톰(Storm&Storm 1987) 연구의 감정 단어 5개 군집으로 분류(기쁨, 슬픔, 두려움, 분노, 혐오)한 감정 분류표를 인쇄해 학생들에게 나누어 준다.

기쁨 (9)	기쁘다	만족하다	셀레다	신난다	뿌듯하다	
	재미있다	즐겁다	편안하다	행복하다		
슬픔 (10)	미안하다	속상하다	슬프다	쓸쓸하다	실망하다	
	아쉽다	우울하다	울고싶다	외롭다	후회하다	
두려움 (6)	걱정된다	놀라다	당황하다	무섭다	불안하다	
	창피하다					
분노 (5)	서운하다	신경질 나다	억울하다	짜증나다	화나다	
혐오 (5)	답답하다	부끄럽다	샘나다	약 오르다	얄밉다	

※ 감정툰 카드는 상단의 번호 색깔로 구분되어 있습니다.

5 내 차례가 오면 모둠 아이들 중에서 한 명을 지명한 후, 5가지 감정 중에서 한 감정을 가지고 있는지 질문할 수 있다. "혹시 감정툰 카드 중에서 '기쁨'에 해당하는 감정이 있나요?"

6 상대방이 카드가 있다면, 질문한 친구에게 해당하는 감정의 감정툰 카드를 주어야 한다.

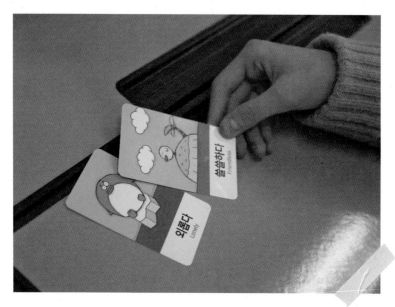

7 감정툰 카드를 받으면, 가지고 있던 같은 감정의 카드와 함께 즉시 내 앞에 2장을 내려놓는다.

8 만약 상대방이 해당하는 카드가 없는 경우, "고피쉬(GO FISH)"라고 외친다. 그러면 질문했던 사람이 쌓여있던 카드 중에서 한 장을 가져가야 한다.

9 다음 차례의 아이가 같은 방법으로 돌아가며 질문하고, 누군가의 손에 카드가 한 장도 없으면 게임이 종료된다.

이렇게 놀면 '더' 재미있어요

❶ 저학년 아이들과 함께 할 때는 간단하게 동물의 이름을 부르게 해도 좋습니다. 이때 병아리 그림은 너무 많으니 부르지 않기로 하고, 2가지 이상의 동물이 있을 경우에는 가장 큰 동물이거나 가운데 있는 동물을 대상으로 합니다.

❷ 아이들은 손이 작아서 카드를 부채 모양으로 펴 한 손으로 잡고 있을 수가 없습니다. 이럴 때에는 카드 게임 거치대를 구입해(2인용 7,200원 정도) 아이 앞에 놓아 주시면 됩니다. 카드를 관리하느라 시간을 뺏기기보다 게임 자체에 몰입할 수 있어서 아이들의 집중력이 흐트러지지 않도록 도와줍니다.

이것만은 주의해요

❶ 질문할 때에는 반드시 내 손에 있는 카드와 같은 감정의 카드를 질문해야 합니다. 그러려면 감정 분류표를 수시로 확인해야 합니다.

❷ 가져올 카드가 없을 때에는 카드를 가져가지 않아도 됩니다. 시간적인 여유가 있다면 나누어주는 카드의 개수를 6장~7장으로 늘려도 좋습니다.

감정툰 딩고 게임

'감정툰 딩고 게임'은 감정툰에 그려져 있는 동물 그림을 활용해 같은 종류의 캐릭터 카드를 모으며 감정을 공부할 수 있는 놀이입니다. 본 게임이 끝나면 서로 다른 캐릭터 카드 모으기, 모은 감정들로 스토리텔링 하기 등 여러 가지로 변형하여 놀이를 진행할 수 있어 아이들이 지루하지 않게 게임을 즐길 수 있습니다.

놀이를 시작해 볼까요

활동유형 모둠활동 · **준비물** 감정툰 카드, 바둑알

놀이방법

1 모둠별로 동그랗게 모여 앉고, 감정툰 카드 한 세트를 나누어 준다.

2 감정툰 카드를 동물 캐릭터 별로 5장씩 구분해 짝을 미리 만든다.
① 옥토끼, 병아리, 원숭이, 꽃게&문어, 펭귄 캐릭터 카드 5장
② 원숭이 캐릭터 카드 5장
③ 옥토끼 그림이 그려진 캐릭터 카드 5장
④ 그 외의 동물이 그려진 캐릭터 카드 5장

3 추려낸 20장의 감정툰 카드를 골고루 섞은 후에 각자 5장씩 나누어 준다.

4 자기가 받은 5장의 카드는 그림이 내 쪽으로 보이도록 한 손에 든다.

5 모둠 대표가 "하나 · 둘 · 셋" 이라고 외치면, 아이들은 동시에 가지고 있는 카드 중에서 내게 필요 없는 카드를 오른쪽 아이 앞 쪽에 그림이 안보이도록 내려놓는다.

6 5장 모두 같은 종류의 동물 그림, 또는 5종류의 캐릭터 카드를 모으면 "딩고"라고 외치고 책상 위에 손을 올려놓는다. 이때 다른 아이들은 재빨리 한 손을 딩고를 외친 아이의 손 위에 쌓아 올려야한다.

7 가장 마지막에 손을 올려놓는 아이가 딩고를 외친 아이에게 바둑알 3개 중 하나를 주어야 한다.

8 같은 방법으로 '감정 딩고 게임'을 진행하고, 누군가 바둑알이 모두 없어 지면 게임을 종료한다.

이렇게 놀면 '더' 재미있어요

❶ 5장의 캐릭터 카드, 즉 옥토끼와 펭귄, 원숭이, 병아리, 꽃게&문어를 모으면 다음 차례에는 '병아리' 카드를 모아도 될 수 있도록 규칙을 추가합니다. 감정툰 카드 중에서 가장 많은 동물은 '병아리'입니다.

❷ 두 번째 게임부터는 규칙을 살짝 바꿉니다. 서로 다른 동물을 모아야 "딩고"를 외칠 수 있도록 약속합니다. 예를 들어 '문어 + 악어', '코끼리+호랑이+펭귄'을 모으면 됩니다.

❸ 게임이 끝난 후에는 감정툰 카드 5장의 감정을 이어 간단한 글쓰기를 해보도록 합니다. 무작위로 선정된 감정 단어의 주인공을 가장 많이 나온 캐릭터로 정하여 감정이 나오게 글을 써보면 창의성과 정서 발달에도 도움이 됩니다.

이것만은 주의해요

❶ 두 종류의 동물 그림이 있을 때는 아이들과 '감정 딩고 게임'을 시작하기 전에 놀이 규칙을 상의합니다. 좀 더 큰 그림을 주된 동물로 인정하거나 둘 다 동물 그림으로 인정합니다.

❷ "하나 · 둘 · 셋"과 동시에 카드를 내려놓다가 잘못해서 카드의 그림이 보였을 경우에는 카드를 받은 아이가 새로운 카드를 뽑아 바꿀 수 있도록 합니다. 이러한 규칙을 사전에 미리 약속하지 않으면, 잘못 놓인 카드 때문에 버리는 카드를 들키게 되어 다툼이 일어날 수 있습니다.

감정 도둑잡기 게임

'감정 도둑잡기 게임'은 유명한 도둑잡기 카드 게임을 '감정툰 카드'를 활용해 할 수 있는 감정 놀이입니다. 감정툰 카드 중에서 비슷한 감정들을 묶어 내려놓아야 도둑이 되지 않을 수 있기 때문에 즐겁게 감정 공부를 할 수 있습니다.

놀이를 시작해 볼까요

활동유형 모둠활동 · **준비물** 감정툰 카드

놀이방법

1 모둠별로 동그랗게 모여 앉고, 감정툰 카드 한 세트를 나누어 준다.

2 우선 옥토끼, 병아리, 원숭이, 꽃게&문어, 펭귄 5장의 캐릭터 카드 중에서 조커 역할을 할 한 장의 캐릭터 카드를 뽑아 준비한다.

3 캐릭터 카드 1장 외에 감정툰 카드 4장을 제외한 31장, 모두 32장을 준비한다.

4 감정툰 카드를 골고루 섞은 후, 각 모둠의 1번 아이가 같은 모둠 아이들에게 각각 8장씩 가지도록 나누어준다.

5 모둠 안에서 순서를 정한 후, 1번 아이부터 시계 반대 방향으로 돌아가면서 다음 차례 사람이 보이지 않도록 들고 있는 카드 중 하나를 뽑는다.

6 뽑은 감정툰 카드와 비슷한 감정의 카드를 묶어 버린다. 이때 친구들 앞에서 "곧 생일잔치를 하는데, 친구들에게 어떤 선물을 받을지 행복하고, 친구들과 놀이공원에 갈 생각을 하니 즐거워" 라고 말하며 '행복하다' 와 '즐겁다' 카드 두 장을 버린다.

7 손에 있는 카드를 모두 버린 아이는 게임에서 빠진다. 차례가 돌아갈수록 카드는 점점 줄어들고, 결국 마지막에 조커인 캐릭터 카드를 들고 있는 아이가 '도둑'이 되어 패배한다.

이렇게 놀면 '더' 재미있어요

❶ 시계 방향으로 돌지, 시계 반대 방향으로 돌지 모둠별로 정하게 합니다. 그런 후에 가위바위보로 먼저 시작할 사람을 정합니다. 이렇게 놀이의 과정을 아이들이 하나하나 기획하는 과정 속에서 놀이의 주인공이 됩니다. 시계 방향으로 정했다면, 내 오른쪽에 있는 아이의 감정툰 카드 중 하나를 가져오고, 짝이 되면 감정을 이야기하고 내려놓습니다.

❷ 마지막 1장이 남은 사람이 도둑이 되면, '인디언 밥' 등의 간단하지만 수치스럽지 않은 벌칙을 받도록 합니다.

이것만은 주의해요

❶ 감정툰 카드를 2장 묶어 내려놓을 때는 모둠 친구들이 "하나 · 둘 · 셋"신호와 함께 엄지손가락을 위로 올리면 통과가 됩니다. 만약 2명 이상이 엄지손가락을 아래로 내리면 통과하지 못하고 다시 내려놓았던 카드 두 장을 가져가야 합니다.

❷ 절대 상대방에게 자신의 카드를 보여주면 안 됩니다. 카드를 상대방이 볼 수 없도록 해야 어설프게 들켜 재미없는 상황을 만들지 않습니다. 대개 영아한 아이들이 오로지 이기려는 마음에 수단과 방법을 가리지 않고 훔쳐보려고 하는 경우가 생깁니다. 부당한 방법으로 게임에 이기면 어떤 기분일 지 미리 이야기 나누고 시작합니다.

마법의 아이스크림 '어기바'

허락도 없이 친구가 내 필통 속 연필을 가져가기도 하고, 빌려간 돈을 갚지 않기도 합니다. 몰래 자신의 뒷담화를 다른 친구에게 한 것을 알고 화가 나 어쩔 줄 모르는 아이들도 많습니다. 격한 감정에 사로잡혔을 때 아이들은 어느 누구의 말도 듣지 않으려 합니다. 자신이 화나고 속상한 상황을 사실대로 말하기보다는 상대방이 한 행동을 비난하고 남의 탓만 하기 때문입니다. '마법의 아이스크림 어기바' 활동은 교실에서 겪을 수 있는 여러 가지 상황 속에서 '어기바'(어! 사실-기분-바람) 대화법으로 상대방의 마음을 상하지 않게 하면서 자신의 감정을 표현해보는 감정 놀이입니다. 감정툰 카드의 감정을 고르면서 아이들이 서로를 존중하는 대화를 할 수 있도록 도와줍니다.

=== play ===

놀이를 시작해 볼까요

활동유형 모둠활동 · **준비물** 감정툰 카드, 상황카드

놀이방법

1 모둠별로 모여 앉고, 감정툰 카드 한 세트를 나누어 준다.

2 모둠에서 순서를 정한 후 1번부터 '상황 카드' 한 장을 고른다.

공부 다 하고 이제 막 쉬기
시작했는데, 엄마가 또 공부 안 하고
휴대전화로 게임한다고 혼내실 때

친구가 빌려간 돈을 갚겠다고
한 날이 지났는데도
일주일째 갚지 않고 있을 때

쉬는 시간, 내 물건을 가지고
달아나는 친구를 고함치며 쫓아가다
선생님이 보시고, 나를 혼내실 때

모둠 활동을 할 때
친구가 협력하지 않고
공책에 낙서만 하고 있을 때

학기말 모둠별 장기자랑을
준비하는데, 나만 빼놓고
역할을 정했다고 말할 때

친구가 허락없이
내 필통에서
지우개를 가지고 갔을 때

급식 시간, 앞의 친구들이
맛있는 반찬이라고 많이 퍼가서
뒷 사람들 반찬이 모자랄 때

친구가 장난치다
열심히 그린 내 그림에
물감을 떨어 뜨렸을 때

3 모둠의 2번은 마법의 아이스크림 '어기바'중에서 '어! 사실' 부분을 이야기 한다. 예를 들어 1번이 뽑은 상황 카드에 '친구가 허락 없이 내 필통에서 지우개를 가져갔을 때'를 뽑았다면, 2번은 "어! 사실"이라고 말하며 실제로 겪은 사실을 말하면 된다. 예시로 "어! 사실 네가 내 필통에서 지우개를 가져간 것을 알았을 때"라고 할 수 있다.

101

4. 모둠의 3번은 '어기바'중에서 '기-기분'에 대해 이야기한다. 이때 감정툰 카드 중에서 피해를 입은 아이가 어떤 감정을 느꼈을지 생각해보고, 적절한 감정을 골라 이야기한다.

5. 모둠의 4번은 '어기바' 중에서 마지막 '바-바람'에 대해 이야기한다. 아이들은 부정적인 반응을 별로 좋아하지 않는다. 긍정적으로 응답·반응을 할 때 내가 원하는 것을 보다 잘 받아들인다. "~해줘", "~해줄 수 있어?"라고 하며 선택권을 상대방에게 주었을 때 더욱 효과가 크다. 예시로 "앞으로 내 물건은 꼭 내 허락을 받고 만졌으면 좋겠어."라고 할 수 있다.

6. 이번에는 모둠의 2번이 '상황 카드'를 뽑고, 3번이 '어! 사실', 4번이 '기분', 1번이 '바람'의 순서대로 이야기한다. 같은 요령으로 상황 카드의 속에서 어떻게 '어기바 대화법'을 표현할 수 있을지 고민하고 실습하도록 한다.

═══ tip ═══
이렇게 놀면 '더' 재미있어요

❶ 5학년 도덕 교과서와 국어 교과서에는 '나 전달법'이 소개되어 있습니다. 교과서 내용과 비교하여 아이들이 선택하여 활용하도록 하는 것이 좋습니다. '나 전달법'은 '너는~', '너 때문에~'로 시작하는 말처럼 다른 사람을 비난하고 평가 또는 해석하는 것이 아니라, 내가 어떤 생각이나 느끼고 있는 것을 진실하게 전달하는 의사소통 방법입니다. 이것은 단순히 상대방의 행동에 대해 자신의 느낌을 설명한 것으로, 말하는 자신이 중심이 되어 자기 생각을 더 객관화하고 감정을 조절하여 표현하는 것입니다. '나 전달법'의 3요소는 '상황'과 '영향', 그리고 그때의 '내 감정'으로 구성됩니다.

① 행동 : 문제가 되는 행동에 대한 비판이나 비난 없는 서술
② 영향 : 그 행동이 나에게 미치는 구체적인 영향
③ 감정 : 상대방의 행동이나 구체적인 영향에 대한 나의 감정이나 느낌
(예) "나는 네가 그렇게 오랜 시간 컴퓨터 게임을 하니(행동) 공부 시간도 적어지고 건강이 나빠질 것 같아(영향), 참으로 걱정스럽단다.(감정)"

❷ 학기 초, 모둠별로 자주 겪게 되는 상황을 설정해 갈등 상황을 역할극으로 꾸미고 친구들 앞에서 발표하는 시간을 가지는 것이 좋습니다. 준비하는 과정과 친구들의 발표를 통해 교실 속에서 더욱 노력하게 될 것입니다.

❷ 흥미로운 스토리텔링을 추가하면 아이들이 더 게임에 집중할 수 있습니다.

ＳＴＯＰ
이것만은 주의해요

❶ 친구의 이름을 부르며 감정을 표현하면, 상대방은 비난받는 느낌을 받을 수 있습니다. "네가" 보다는 "다른 아이들이 이렇게(어! 사실)할 때, 나는 이래(기분), 이렇게 해줄 수 있어?(바람)"라고 말하는 것이 안전합니다.

"어! 사실 나는 다른 아이들이 내 뒷담화를 했다는 것을 들었을 때 정말 기분이 나빠져, 앞으로는 내 이야기를 하지 않았으면 좋겠어." 선생님 역시 "경희가 수업 시간에 선생님을 보지 않아서 속상해."라고 말하기보다 "어! 사실 선생님은 반 아이가 수업 중에 수업과 관련이 없는 이야기를 하면 정말 속상합니다. 열심히 수업을 준비한 선생님을 존중해 주었으면 좋겠습니다."라고 말하는 것이 좋습니다.

❷ 아이들은 대부분의 감정을 '화난다', '짜증난다'로 표현하는데 이는 2차적인 감정입니다. 아이들이 창가에 올라갔을 때 1차 감정은 떨어질까 걱정되는 마음인데, 2차 감정으로 "미쳤어? 어딜 올라가?"라고 말하는 순간, 아이들 역시 2차 감정으로 만나게 됩니다. '화는 나는 게 아니고 내는 것이며, 짜증도 나는 게 아니라 스스로 내는 것'이라는 것을 따로 지도할 필요가 있습니다.

memo

감정툰 탐정 놀이

'감정툰 탐정 놀이'는 모둠에서 한 명이 감정 탐정이 되어 다른 모둠으로 이동해 본 것과 들은 것, 생각한 것을 질문하여 탐정 수첩에 정리한 후, 미리 준비한 감정 목록표를 바탕으로 숨겨놓은 감정툰 카드의 감정을 찾아 내는 감정 놀이입니다.

놀이를 시작해 볼까요

활동유형 모둠활동, 전체활동 · **준비물** 감정툰 카드, 감정 목록표, 탐정 수첩

놀이 방법

1 모둠별로 모여 앉고, 감정툰 카드 한 세트를 나누어 준다.

2 모둠에서 충분히 상의한 후에 1장의 감정툰 카드를 아이들 중 한 명의 품 안에 숨겨 둔다.

3 모둠에서 감정 탐정 한 명을 따로 뽑는다. 모둠에서 출발하기 전에 어떤 질문을 할지 9개의 질문을 뽑아 탐정 수첩에 미리 적어두도록 한다.

4 감정 탐정은 시계 방향으로 다음 모둠으로 감정 목록표가 붙어있는 탐정 수첩을 가지고 이동한다.

5 이때 이동한 감정 탐정은 미리 준비한 질문을 9가지 물어볼 수 있다. 탐정 역할의 아이는 모둠 친구들에게 골고루 질문할 수 있으며, 질문을 받은 학생은 솔직하게 대답해 주어야 한다.

6 질문을 마친 탐정은 자기 모둠으로 돌아가, 단서를 통해 어떤 감정인지 감정 목록표를 보고 모둠별로 토의하여 숨겨진 감정을 찾는다.

7 찾아낸 감정이 정답인지 원래 모둠에 찾아가 품속에 있던 카드를 꺼내 확인한다. 같은 방법으로 다른 모둠으로 찾아가 계속 게임을 진행한다.

tip
이렇게 놀면 '더' 재미있어요

❶ 탐정 수첩에 감정을 1순위, 2순위, 3순위까지 선정할 수 있도록 합니다. 이때 1차에 맞히면 30점, 2차에 맞히면 20점, 3차에 맞히면 10점을 줍니다.

❷ 질문 만큼은 모든 아이들이 한 명씩 다 돌아가며 대답할 수 있도록 합니다. 질문자는 질문을 누구에게 하느냐에 따라 좀 더 구체적인 답변을 얻을 수 있습니다. 그렇다고 한 명에게만 질문하면 안 됩니다.

아울러 모둠 아이들 4명에게 각자 한 번씩은 질문을 해야 합니다. 이때, 단 한 번의 질문 만큼은 여러 아이들의 대답을 다 들을 수 있도록 약속합니다. 대답을 비교하는 과정을 통해 좀 더 구체적인 감정을 추론할 수 있을 것입니다.

❸ 스토리텔링을 추가하면 더 게임에 집중할 수 있습니다.

(가상의 상황) "사실 선생님은 잃어버린 감정이 하나 있습니다. 그래서 오늘은 여러분이 직접 감정 탐정이 되어 선생님의 잃어버린 감정을 찾아 주었으면 합니다. 감정을 찾는 방법은 간단합니다. 각 모둠의 대표가 감정 탐정이 되어 다른 모둠으로 이동해서 보고 들은 것을 감정 수첩에 정리한 후, 미리 준비한 감정 목록표를 바탕으로 숨은 감정을 찾아내는 것입니다. 그럼 선생님이 어떤 감정을 잃어버렸는지 여러분이 한 번 찾아볼까요?

이것만은 주의해요

❶ 질문하는 것이 어렵다면, 본 것(LOOK), 들은 것(LISTEN), 생각한 것(THINK)
에 대해 각각 3가지 씩 질문할 수 있도록 합니다. 예를 들어 다음과 같은 질문을
예시로 제시합니다.

① 본 것(LOOK)
- 이 감정을 느낄 때 얼굴 표정은 어떤가요?
- 몸은 어떤 동작을 취하게 됩니까?
- 어떻게 행동합니까?
- 그런 감정은 어떤 상황에서 생기나요?

② 들은 것(LISTEN)
- 어떤 단어가 들리나요?
- 어떤 소리가 들리나요?
- 내가 그런 감정을 느끼려면, 어떻게 말해 주시겠습니까?

③ 생각한 것(THINK)
- 내가 그런 감정에 빠져있다면, 어떤 생각을 하게 될까요?

❷ 다른 모둠으로 찾아갈 때, 감정 탐정을 바꿔 진행하도록 합니다. 매번 같은 아이
만 찾아가면, 모둠에 남아 있던 아이들은 재미가 없습니다. 4명이 한 모둠이라
면, 모두들 돌아가면서 감정 탐정의 역할을 할 수 있도록 지도합니다. 아울러 이
동할 때마다 품에 숨겨둔 감정툰 카드를 바꿀 수 있도록 약간의 시간을 줍니다.

감정툰 동상이몽 게임

'감정툰 동상이몽 게임'은 감정툰 카드 중에서 서로 이야기 나누고 싶은 주제에 대해 자신의 감정을 하나 고르고, 왜 그런 감정을 느끼게 되었는지 서로의 경험을 나누며 서로에게 더욱 공감하는 감정 놀이입니다.

===== play =====

놀이를 시작해 볼까요

활동유형 모둠활동 · **준비물** 감정툰 카드, 룰렛 돌림판, 포스트잇

놀이방법

1. 모둠별로 모여 앉고, 감정툰 카드 한 세트를 나누어 준다.

2. 각자 함께 이야기 나누고 싶은 주제어를 하나 골라 포스트잇에 적는다.

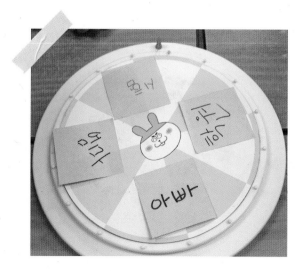

3. 옥이샘의 룰렛 돌림판 위에 포스트잇에 적은 단어를 옮겨 적고, 돌려 모둠이 함께 이야기할 주제어를 선택한다.

4. 뽑힌 대표 주제어 포스트잇을 룰렛 돌림판 가운데 붙인다.

5 각자 대표 주제어를 보고 느끼는 대표 감정을 감정툰 카드에서 1~3개 골라 겹쳐 룰렛 돌림판 위에 올려놓는다.

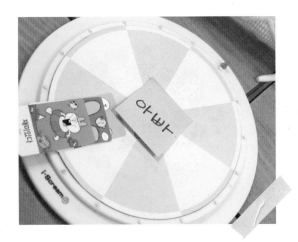

6 순서를 정해 주제어에 대한 자신의 감정을 겪었던 경험을 중심으로 이야기 나눈다. 예를 들어 '엄마'가 주제어라면, 이렇게 이야기하면 된다.

"엄마에게 느끼는 대표적인 감정은 '미안하다'입니다. 엄마가 나에게 하는 이야기는 다 제가 잘되라고 하시는 조언들인데, 자꾸만 저는 짜증을 내게 됩니다. 그럴 때마다 방에 돌아가서는 후회스럽고 미안한 감정이 듭니다."

이렇게 놀면 '더' 재미있어요

❶ 이야기를 나눌 때, 듣고 싶은 이야기부터 발표하게 하면 더욱 좋습니다.

적은 포스트잇을 읽어 보고, 그중에 가장 먼저 듣고 싶은 포스트잇에 ☆표 2개, 두 번째로 듣고 싶은 포스트잇에 ☆ 1개를 그려 줍니다. 이때 물론 자신의 포스트잇에는 그려주지 않습니다. 가장 많은 ☆표를 받은 아이부터 차례대로 자신의 이야기를 합니다.

❷ 'JTBC 김제동 톡투유(걱정 말아요 그대)' 프로그램처럼 주제어에 대한 감정을 A4 용지에 크게 매직으로 적은 후에 들어 올립니다.

이렇게 진행하면 반 아이들 모두가 들어 올린 감정을 보며, 어떤 감정이 주로 일어나는지 확인할 수 있습니다. 더불어 조금 다른 감정들은 주의 깊게 살펴보고 이야기를 주고받아 유쾌하면서도 특별한 토크쇼 형태의 수업을 진행할 수 있습니다.

❸ '옥이샘의 룰렛 돌림판'을 사용하면 더 재미있게 진행할 수 있습니다.

1) 룰렛 돌림판에 감정툰 카드를 올려놓습니다.
2) 룰렛을 돌리면 딸깍 소리를 내며 스릴있게 돌아가던 판이 서서히 멈추게 됩니다.
3) 복불복 게임으로 진행하기 좋습니다.

i-Scram

이것만은 주의해요

❶ 처음 감정툰 동상이몽 게임을 시작하기 전에 미리 선생님과 아이들이 함께 요즘 아이들이 관심 있는 주제어를 선정합니다.

예를 들어 '학원'이나 '시험'에 대한 생각들을 돌아가며 이야기 나눠 보세요. 아이들에게서 나온 감정을 하나하나 칠판에 적으며 같은 주제라도 우리에게 얼마나 다양한 감정이 나오는지 미리 체험할 수 있습니다.

❷ 이야기를 마친 후에는 긍정적인 감정과 부정적인 감정으로 분류해 봅니다.

서로 이야기를 한 후에 주제어에 대한 감정들을 긍정적인 감정인지, 아니면 부정적인 감정인지 분류해 보고 이렇게 나온 결과에 대해서도 한 번 더 이야기하면 좋습니다. 예를 들어 '엄마'에 대한 감정에 부정적인 감정이 더 많다면, 아이들 스스로도 어떻게 노력해야 할지 생각해보는 시간이 될 것입니다.

memo

감정툰
자타공인 게임

'감정툰 자타공인 게임'에서 자타공인은 자신의 '자', 타인의 '타', 공감의 '공', 서로 다른 인생 이야기의 '인'을 따서 '자신과 타인에 대해 공감하는 인생 이야기'라고 이름을 지은 게임입니다. 감정툰 카드 중에서 한 장의 감정을 골라, 그 감정을 어떤 순간에 느끼는지 경험을 나누며 더욱 서로에게 공감하는 감정 놀이입니다.

놀이를 시작해 볼까요

활동유형 모둠활동 · **준비물** 감정툰 카드, 룰렛 돌림판, 포스트잇

놀이방법

1 모둠별로 모여 앉고, 감정툰 카드 한 세트를 나누어 준다.

2 각자 이야기 나누고 싶은 감정툰 카드를 한 장씩 고른다.

3 옥이샘의 룰렛 돌림판 위에 뽑은 감정 카드를 올린 후, 돌림판을 돌려 대표 감정을 선택한다.

4 뽑힌 대표 감정을 룰렛 돌림판 가운데 붙인다.

5 각자 포스트잇에 '불안하다'라는 감정을 느낄 때가 주로 어떤 상황인지 간단하게 적는다. 적은 후에는 룰렛 돌림판 위에 붙인다.

6 순서를 정해 '불안하다' 감정을 겪을 때가 언제였는지 발표하고, 포스트 잇에 적은 내용을 중심으로 이야기 나눈다.

이렇게 놀면 '더' 재미있어요

❶ **이야기를 나눌 때, 듣고 싶은 이야기부터 발표하게 하면 더욱 좋습니다.**

적은 포스트잇을 읽어 보고, 그중에 가장 먼저 듣고 싶은 포스트잇에 ☆표 2개, 두 번째로 듣고 싶은 포스트잇에 ☆ 1개를 그려 줍니다. 이때 물론 자신의 포스트 잇에는 별을 주지 않습니다. 가장 많은 ☆표를 받은 아이부터 차례대로 자신의 이야기를 합니다.

이영근 선생님은 '듣기의 마지막 4단계'를 '질문하며 듣기'라고 하셨습니다. 아이들이 이야기를 하고 난 후에는 모둠 아이들이 질문할 시간을 꼭 가집니다. 친구가 성심성의껏 자신의 이야기를 발표한 후에는 "속마음을 들려줘서 고마워 친구야~"라고 이야기하도록 안내합니다.

❷ **이야기를 듣고 난 후에 바둑알 칩을 주게 해도 재미있습니다.**

먼저 개인별로 바둑알 칩을 6개씩 나누어 줍니다. 그런 후에 친구들이 이야기를 다 하고 나면 그중에 가장 좋았다고 느꼈던 이야기를 해준 친구에게 바둑알 칩을 최대 3개부터 2개, 1개까지 나누어줄 수 있도록 합니다. 이때 반드시 모든 친구에게 바둑알 1개 씩은 전달할 수 있도록 약속합니다. 3, 2, 1개를 줘도 되고, 2, 2, 2개를 줘도 좋습니다. 모둠에서 가장 많은 바둑알 칩을 받은 친구는 우리 모둠 대표가 되어 다른 모둠에게도 이야기를 들려줍니다.

이것만은 주의해요

❶ 처음 감정툰 자타공인 게임에 익숙해지기 전에는 미리 선생님과 아이들이 함께 대표 감정에 대해 돌아가며 이야기 나누는 시간을 가집니다.

선생님이 감정툰 카드 중에서 더욱 많은 발문이 일어날 수 있는 감정을 하나 골라 칠판에 붙여둔 후에 '번개 발표'로 돌아가며 짧게 이런 감정을 느낄 때가 언제인지만 발표합니다. 예를 들어 '기쁘다'라는 감정을 붙였다면, "시험 성적 100점", "엄마가 용돈을 많이 줄 때" 등 짧게 모든 아이들이 이야기합니다. 이때 앞 친구가 이야기한 내용을 이야기해도 좋고, 할 이야기가 없으면 "통과"라고 해도 괜찮습니다. 다만 앞 사람이 "통과"를 쓸 경우에는 다음 사람은 통과할 수 없습니다.

❷ 모둠 아이들이 뽑은 대표 감정은 돌아가면서 모두 한 번씩은 이야기 나눌 수 있도록 합니다. 자신이 뽑은 감정에 대해서도 이야기 나눌 때 아이들은 더욱 적극적으로 참여하게 됩니다.

얼렁뚱땅 감정 릴레이 작가

'얼렁뚱땅 감정 릴레이 작가' 활동은 감정툰 카드를 활용해 재미있는 상상을 이끌어내고 릴레이로 글을 쓰는 감정 놀이입니다. 어떤 감정툰 카드가 나올지 모르기 때문에 유연하게 이야기를 이끌어가는 능력을 키울 수 있고, 때론 엉뚱하지만 비상한 이야기들이 탄생할 수 있습니다.

놀이를 시작해 볼까요

활동유형 모둠활동 · **준비물** 감정툰 카드, 스토리큐브 보드게임

놀이방법

1 모둠별로 모여 앉고, 감정툰 카드를 섞어 뒤집어 놓는다.

2 순서를 정해 첫 번째 아이부터 캐릭터를 뽑아 그 캐릭터를 주인공으로 이야기를 시작한다. 예를 들어 '옥토끼'를 뽑았다면, 오늘 이야기의 주인공은 '옥토끼'가 된다.

3 처음 시작하는 상황은 선생님이 미리 준비한 '상황 카드' 중에서 한 장을 뽑아 제시한다. 예를 들어서 '오늘 수업을 마치고 집으로 돌아가는 길에 입으면 투명 인간이 되는 투명 망토를 주웠습니다'라고 시작하는 상황 카드를 뽑았다면, 선생님이 그 내용을 읽어준다.

4 이때 첫 번째 아이가 뒤집혀진 감정툰 카드를 한 장 들어 올려 친구들에게 보여주고, 바로 이야기를 만든다.

(예)
('속상하다' 감정 카드를 뽑았다고 가정했을 때) "그런데 속상하게도 옥토끼가 투명 망토를 들어 올리다가 나뭇가지에 걸려 한쪽 끝이 찢어졌습니다."

5 다음으로 두 번째 아이가 뒤집혀진 감정툰 카드를 같은 방법으로 들어 릴레이로 그 감정이 들어가게 이야기를 잇는다.

(예)
('불안하다' 감정 카드를 뽑았다고 가정했을 때) "옥토끼는 찢어진 부분이 마음에 걸렸는데, 아뿔싸! 투명 망토를 입어도 내 몸이 보였습니다. 옥토끼는 투명 망토를 입어도 들키게 될까 불안해졌습니다."

6 이렇게 이야기가 완성되면, 모둠 학습지에 잘 정리하고 서로 상의한 후에 좀 더 고쳐서 친구들에게 발표한다.

1   2   3   4

이렇게 놀면 '더' 재미있어요

① **스토리큐브 보드게임을 활용하며 시작해 봅시다.**

스토리큐브는 9개의 주사위를 굴려 아이들에게 무한한 가능성과 상상력을 자극해줄 신기한 보드게임입니다. 6개의 그림이 있는 큐브 주사위 9개를 던져 무려 10,077,696가짓수의 이야기를 만들어낼 수 있습니다.

모둠 안에서 팀을 나누어 한 편에서 주사위를 굴리면 상대편이 그 그림들로 이야기를 만들게 할 수도 있습니다. 또한 반 전체가 한 팀이 되어 주사위를 굴린 후에, 돌아가면서 한 명이 한 문장씩 만드는 방식으로 진행할 수도 있습니다.

구글 마켓에서 Story Dice 앱을 설치하면, 휴대전화를 활용해 무료로 스토리 큐브 게임을 즐길 수 있습니다.

❷ **두 팀으로 나누어 상대편이 골라준 카드로 이야기를 만들도록 합니다.**

이야기를 만들 때 감정 놀이를 만들려면, 두 가지 규칙을 추가해 봅시다. 첫째, 상대편이 골라준 카드로 이야기를 만들어야 합니다. 둘째, 시간 제한을 두어 일정한 시간 안에는 어느 정도 말이 되는 이야기를 만들도록 합니다. 5초의 시간 안에 즉흥적으로 이야기를 만들어나가야 하는데, 다만 전혀 맥락이 이어지지 않는 상황으로 만들면 안 됩니다. 상대방이 뽑아주는 카드를 고를 때에도 무작위로 고를 수 있지만, 상대방이 어려워할 만한 카드를 골라 차례대로 내려놓게 하면 더욱 재미있습니다.

이것만은 주의해요

❶ **처음에는 개인별로 이야기를 만들어보는 시간을 가집니다.**

개인별 학습지를 나누어주고, 스스로 감정툰 카드를 뽑아 이야기를 만들어보게 해 주세요. 좀 더 순발력 있게 이야기를 만들 수 있는 훈련이 됩니다.

❷ **저학년은 학습지에 적기보다 카드를 보며 바로 이야기를 할 수 있도록 합니다.**

글 쓰는 부담 없이 즐겁게 참여할 수 있습니다. 저학년 아이들은 엉뚱한 이야기가 나올수록 더욱 재미있어 합니다.

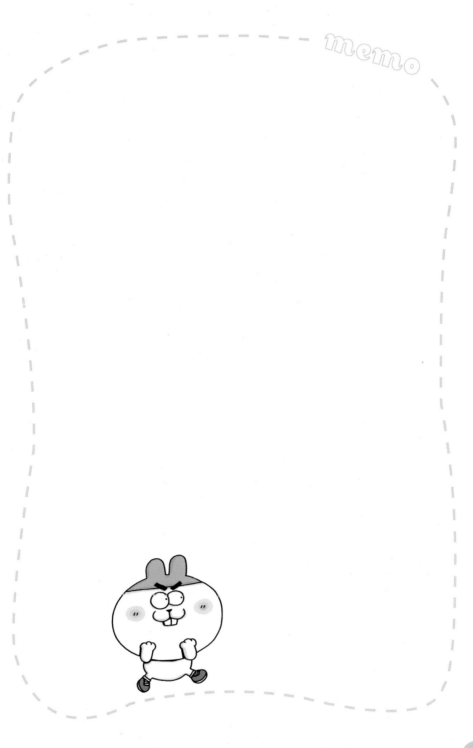

memo

감정! 몸으로 말해요

'감정! 몸으로 말해요' 게임은 모둠에서 한 명이 감정툰 카드의 감정을 몸으로만 표현하고, 남은 모둠 아이들은 맞춰야하는 스피드 퀴즈 게임입니다. 말로 하지 않고, 얼굴 표정이나 상황 표현만으로 감정을 설명하는 과정 속에서 아이들의 감정 표현력과 공감 능력이 더욱 향상되는 감정 놀이입니다.

놀이를 시작해 볼까요

활동유형 모둠활동 · **준비물** 감정툰 카드

놀이방법

1 모둠별로 모여 앉고, 모둠에서 문제를 낼 아이를 따로 정한다.

2 감정툰 카드를 섞어 뒤집어 놓는다.

3 문제를 낼 아이는 뒤집어진 감정툰 카드 중에서 7장을 뽑아 가져간다.

4 선생님이 "시작"이라고 외치고 1분 30초 정도의 시간을 주면, 가져간 카드를 보고 몸짓과 표정으로 설명한다.

5 설명이 너무 어려우면 "통과"라고 외칠 수 있고, 다 맞히면 카드를 추가로
시간이 남았을 때까지 더 가져갈 수 있다.

이렇게 놀면 '더' 재미있어요

❶ 모둠별로 진행할 때, 세 명은 의자에 앉아있고 한 명은 앞에 서서 문제를 맞히도록 해도 재미있습니다.

이때 선생님은 의자에 앉은 아이들 뒤에 서서 감정툰 카드의 단어를 보여주고, 감정툰 카드의 감정을 몸으로 표현하면 됩니다. 이때 정답을 맞히거나 "통과"를 외치면, 의자에 앉은 아이 중에 가장 왼쪽 아이가 앞으로 달려가 문제를 내고, 몸으로 말하던 아이는 의자의 가장 오른쪽 자리에 앉습니다.

❷ '셋 가고 하나 남기'로 진행하면 동시다발적인 게임을 할 수 있습니다.

모둠에서 한 명은 남고, 세 명은 시계 방향으로 다음 모둠에 찾아갑니다. 다른 모둠에 찾아온 아이들 중 한 명은 몸으로 감정툰 카드를 보고 설명하고, 다른 두 명은 감정 단어를 맞히면 됩니다.

이때 모둠에 있던 아이는 설명을 말로 하지 않고 몸으로 표현했는지, 정해진 시간동안 몇 개의 감정을 맞췄는지 확인합니다. 모둠의 한 명은 휴대전화의 스톱워치 기능으로 시간을 체크해 주어도 좋습니다. 이렇게 '셋 가고 하나 남기' 게임의 장점은 동시다발적으로 모든 모둠이 참여할 수 있고, 다른 모둠으로 이동할 때 '몸으로 말하는 역할'을 다른 아이와 바꿔서 할 수 있다는 점입니다.

❶ '몸짓'과 '표정'만으로 어려워한다면, '의성어'까지 낼 수 있도록 합니다.

'감정! 몸으로 말해요' 게임을 하기 전에 '메라비언의 법칙'에 대해 소개하며 이야기를 나눕니다. '메라비언의 법칙'은 미국캘리포니아 대학 UCLA의 심리학과 명예교수인 앨버트 메라비언(Albert Mehrabian)이 1971년 출간한 저서 「Silent Messages」에 포함된 커뮤니케이션 이론입니다. 한 사람이 상대방으로부터 받는 이미지는 시각(몸짓) 55%, 청각(음색, 목소리, 억양) 38%, 언어(내용) 7%, 따라서 말의 내용보다 시각적 요소와 청각적 요소 같은 '비언어적 요소'가 중요함을 일깨워주고 놀이를 시작하면 좋습니다. 이때 '몸짓', '표정'만으로 어려워한다면, 간단한 의성어까지 낼 수 있도록 약속합니다.

❷ 틀린 감정들은 따로 모아 확인하는 시간을 가집니다.

예를 들어 '약 오르다'라는 감정을 맞추지 못했다면, 누가 표현해볼 있을지 물어보고 아이들에게 기회를 주어 좀 더 나은 표현들을 공유하는 시간을 가집니다.

감정툰 안경으로 감정 찾기

이 게임은 국어 교과서나 동화를 읽으며 인물의 행동이나 대사를 통해 느껴지는 감정을 이야기하고 감정 카드를 바닥에 내려놓는 게임입니다. 정해진 시간 동안 감정을 찾아 이야기하며 공감할 수 있습니다.

놀이를 시작해 볼까요

활동유형 모둠활동, 전체활동 · **준비물** 감정툰 카드, 국어 교과서 또는 동화책

놀이방법

1 모둠별로 모여 앉는다.

2 선생님이 먼저 교과서(또는 동화)를 읽어준다.

(예)

뒤 뜰 칠산 할매의 날카로운 소리가 담을 뚫고 나왔습니다. 우리는 살구고 뭐고 냅다 달아났지요. 광수는 머리를 만지며 눈에 눈물을 그렁거렸습니다.

"아이씨, 재수 되게 없네. 너거들은 내가 나무 밑에 있는 줄 일면시 왜 돌 던지노?" 광수가 투덜대었습니다.

그래서 우리도 한마디씩 했지요.

"그런데 돌 던지고 있는데 와 먼저 뛰어들어 가노!"

3 선생님이 교과서를 다 읽은 후에는 모둠별로 감정툰 카드를 한 세트씩 나누어 준다.

4 모둠에서 순서를 정한 대로 1번부터 돌아가며 방금 전에 읽었던 내용 중에서 인물의 행동이나 대사를 통해 느껴지는 감정을 이야기하고 감정툰 카드를 바닥에 내려놓는다.

(예)
"칠순 할매의 '날카로운 소리'라는 부분에서 칠순 할매의 '속상한 마음'이 느껴졌어요."라고 말하며 '속상하다' 감정툰 카드를 내려놓는다.
"우리는 살구고 뭐고 냅다 달아났다는 구절에서 아이들이 무서워하는 마음이 보여요."라고 말하며 '무섭다' 감정툰 카드를 내려놓는다.

5 정해진 시간 안에 감정을 이야기하지 못하면, 다음 차례의 아이가 이어간다.

6 일정한 시간이 지나 더 이상 찾지 못했을 때는, 모둠별로 돌아가며 찾은 감정을 발표하고 마무리한다.

이렇게 놀면 '더' 재미있어요

❶ 마지막에 모둠별로 찾은 감정을 발표한 후에 같은 감정을 찾은 모둠이 얼마나 되는지 확인하고 찾은 모둠 수 만큼 점수를 감점해 주면 재미있는 감정 놀이가 탄생합니다.

예를 들어 여섯 모둠이 있을 때 여섯 모둠이 다 썼으면, 기본 100점에서 여섯 모둠 수 만큼 60점을 감점하여 40점씩 줍니다. 만약 세 모둠만 쓴 감정이라면, 세 모둠만 기본 100점에서 쓰지 않은 세 모둠, 즉 30점만큼 감점해 70점을 받아 가게 됩니다. 아무도 찾지 못한 감정을 찾았고, 선생님이 인정했을 때는 그 모둠만 100점을 받게 됩니다. 다른 모둠은 찾지 못한 감정을 찾았을 때는 공감 능력에 더욱 격려해 줍니다.

❷ 『수업으로 단련한다』의 저자인 일본의 수업 명인 '노구찌 요시히로'의 수업기법 키워드 중 1번은 '국어 안경'입니다. 평소에 안경을 사용하고 있는 사람이 안경을 쓰지 않으면, 바로 세상은 흐릿하게 보이게 되며 그런 사람은 그의 표정으로써 곧 알 수 있습니다. 여기서 힌트를 얻은 것이 '국어의 안경'이라는 말입니다.

"국어 안경을 써 보세요." 라고 말하는 것은 "글이나 작품에 대하여 보다 더 착실하여 읽어 보세요, 보다 더 세밀한 데까지 유의하여 살펴보세요!"라는 말입니다. 아이들에게 '감정 안경을 써 보세요'라고 말하면, 아이는 감정을 찾을 수 있는 인물의 말이나 행동을 정확하게 제시하고, 김징을 이야기하게 됩니다. 감정 안경 덕분에 대충 짐작한 감정이 아니라 "여러분~교과서 20쪽 3번째 줄의 '입이 삐죽 나왔다'는 표현은 감정 안경으로 볼 때 '샘이 났다'라고 알 수 있습니다." 라고 이야기하게 됩니다.

Stop

이것만은 주의해요

❶ 이 게임은 '감정을 많이 찾기 놀이'가 아님을 강조합니다. 경쟁하는 구도로 놀이를 진행하다보면 자칫 감정을 찾는 과정에 집중하지 못하고, 못하는 친구에게 "넌 그것도 못찾냐?"며 서운하게 할 수 있습니다. 가능하다면 모둠 친구들이 감정을 스스로 찾을 수 있도록 '격려'하는 방법을 지도합니다.

❷ 감정툰 카드 위에 포스트 잇을 붙여 어떤 말과 행동에서 그런 감정을 느꼈는지 적도록 하면 더욱 좋습니다. 나중에 모둠별로 확인할 때, 감정툰 카드만 보고는 떠오르지 않던 상황도 알 수 있습니다.

❸ '감정 목록표'를 제공하여 감정툰 카드를 찾지 않아도 스스로 감정을 찾아볼 수 있도록 안내하는 것이 좋습니다. 작은 표로 인쇄 후 코팅해서 나누어주면, 수시로 꺼내 활용할 수 있습니다.

무섭다 Scared	슬프다 Unhappy	외롭다 Lonely	짜증나다 Irritated	화나다 Angry
신나다 Excited	행복하다 Happy	당황하다 Embarrassed	미안하다 Sorry	창피하다 Ashamed
억울하다 Unfair	즐겁다 Amused	답답하다 Feel stressed	걱정되다 Worried	설레다 Hopeful
샘나다 Jealcus	실망하다 Disappointed	울고 싶다 Feel like crying	부끄럽다 Shy	재미있다 Fun
편안하다 Relaxed	기쁘다 Delighted	얄밉다 Hateful	속상하다 Distressed	뿌듯하다 Proud
우울하다 Depressed	서운하다 Feel Bad	만족하다 Satisfied	불안하다 Anxious	놀라다 Surprised
쓸쓸하다 Scared	신경질나다 Upset	아쉽다 Sad	약오르다 Annoyed	후회되다 Regretful

최고의
감정 경매 게임

'최고의 감정 경매 게임'은 함께 뽑은 주제에 대해 순서를 정해 돌아가며 자기가 겪은 경험을 이야기 나누는 활동입니다. 친구들의 경험을 잘 듣고 공감이 가는 감정 카드를 한 장 고릅니다. 경매에 참여하면, 경험을 이야기했던 친구가 참여한 카드 중에서 가장 내 감정에 가까운 감정을 3장 뽑아 바둑알 칩을 선물하는 즐거운 감정 놀이입니다.

놀이를 시작해 볼까요

활동유형 모둠활동 · **준비물** 감정툰 카드, 바둑알, 감정 경매 학습지

놀이방법

1 모둠별로 모여 앉고, 모든 감정툰 카드를 바닥에 펼쳐 놓는다.

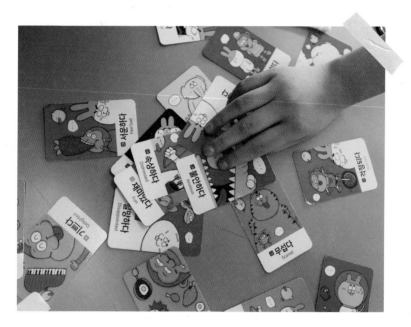

2 함께 이야기 나눌 주제 카드를 미리 준비해 뽑도록 한다.

(주제 예시)

누가 시키지 않아노 기쁘게 했던 일이 있다면?, 내가 참 괜찮은 사람이라고 생각
될 때는 언제일까?, 친구들은 모르는 나만의 매력 포인트는 무엇일까?… 등)

3 모둠 안에서 순서를 정해 한 명이 주어진 주제에 대한 자기 경험을 공유한다.

4 이야기를 들은 모둠의 다른 아이들은 책상 위에 펼쳐진 감정툰 카드 중에서 한 장을 골라 이야기를 한 친구에게 건넨다.

예를 들어 "네가 길거리에 앉아있는 노숙인에게 빵을 건넸을 때, 그 사람이 어떻게 대할지 무척 불안했을 것 같아."라며 '불안하다' 감정툰 카드를 건네면 된다.

5 게임에 참여한 모든 아이가 뽑은 주제에 대한 이야기를 나누고, 감정툰 경매 게임을 같은 요령으로 반복한다.

6 가장 많은 바둑알 칩을 받은 아이가 '모둠 최고의 감정툰 경매자'로 선발되어 친구들의 박수를 받도록 한다.

이렇게 놀면 '더' 재미있어요

❶ 바둑알을 주는 과정에서 친하다는 이유로 혜택을 주지 않도록 하려면, 이야기를 한 아이가 안대를 하도록 합니다. 안대가 없다면, 뒤로 돌아있을 때 앞에 카드를 내려놓도록 합니다. 누가 낸 감정툰 카드인지 모르기 때문에 좀 더 공정한 놀이가 진행될 수 있습니다.

❷ '감정 경매 학습지'를 준비하면 좀 더 짜임새 있게 놀 수 있습니다. 처음에 가상화폐 100만 원을 주었다고 치고, 경매에 참여할 때마다 얼마를 걸지 학습지에 적고 참여합니다. 만약 낙찰이 되어 바둑알을 받으면, 바둑알 칩의 개수에 따라 2개면 2배로, 3개면 3배로 돈을 돌려받게 됩니다. 경매에 참여해서 바둑알 칩을 받지 못하면, 그 돈 만큼 손해를 보게 됩니다.

-감정툰 카드 감정 경매 학습지-

학년   반   번호 이름(   )

순서	내가 고른 감정툰 카드	나의 최고 입찰액	최고 낙찰	남은 금액
1	당황하다	100만원	100만원	900만원
2	울고싶다	200만원	300만원	700만원
3				
4				
5				
계				

이것만은 주의해요

❶ 이야기의 주제를 정하는 과정에서부터 아이들과 함께 이야기를 나누는 것이 좋습니다. 아이들이 모두 관심 있는 주제일수록 더욱 다양한 감정이 오르내리는 것을 볼 수 있습니다. 예를 들어 '내가 좋아하는 것' 같은 주제를 정하면, 아이들이 좋아하는 '방탄소년단' 아이돌 가수 등의 이야기로 흥분해서 더욱 다양한 이야기가 나오게 됩니다.

❷ 바둑알 칩을 많이 모은다고 해도 따로 보상이 없다는 것을 분명히 하고 진행해야 합니다. 자칫 이야기를 한 아이가 바둑알 칩을 나누어주지 않으려고 할 수도 있습니다. 바둑알은 처음부터 6개를 주고 모두 나누어준다는 약속을 분명히 합니다.

감정툰
타임머신 게임

'감정툰 타임머신' 게임은 가상의 타임머신을 타고, 과거–현재–미래로 가서 자신의 감정을 만나고 돌아오는 감정 놀이입니다. 모든 감정툰 카드를 펼쳐 놓고 어제, 오늘 나의 감정과 관련된 감정툰 카드를 3장씩 고릅니다. 그런 후에 마지막으로 내일 느끼고 싶은 나의 감정을 고르고 서로 이야기 나눕니다.

놀이를 시작해 볼까요

활동유형 개인활동, 모둠활동 · **준비물** 감정툰 카드

놀이방법

1 모둠별로 모여 앉고, 모든 감정툰 카드를 바닥에 펼쳐 놓는다.

2 선생님이 간단한 이야기를 들려준다.

"우리나라에서 과학자로 노벨상을 받은 김 박사님이 드디어 타임머신을 발명했습니다. 이제 수많은 지원자 들 중에서 여러분이 타임머신을 탈 조종사로 선발되었습니다. 축하합니다."

"타임머신을 타고 출발하기 전에 이 감정툰 타임머신의 작동 방법을 설명 드리겠습니다. 이 타임머신은 9개의 카드 구멍이 있습니다. 과거로 가려면 어제 느꼈던 감정툰 카드 3장을 꽂아야 하고, 현재로 돌아오려면 오늘 느꼈던 감정툰 카드 3장을 꽂고 '시동' 버튼을 누르면 됩니다. 먼저 되돌아올 수 있도록 오늘 느꼈던 감정을 3장 골라주시기 바랍니다."

어제		
오늘		
내일		

3 오늘 하루를 돌아보며 대표적인 3가지 감정을 감정툰 카드 중에서 뽑아 올린다. 타임머신 표 위의 [오늘] 칸에 올려놓는다.

4 오늘 칸이 모두 채워졌다면, 이번에는 과거로 갈 수 있는 방법을 소개한 다. "수고하셨습니다. 언제든지 현재로 돌아오려면, 지금 뽑은 3장의 카 드를 꽂으시면 됩니다. 이제 타임머신을 타고 시운전삼아 여러분이 첫 번 째로 갈 곳은 어제입니다. 잠시 눈을 감고 어제 어떤 일이 있었는지 떠올 려 볼까요? 그리고 어제 느꼈던 대표적인 감정을 세 가지만 펼쳐진 감정 툰 카드 중에서 뽑아 주세요."

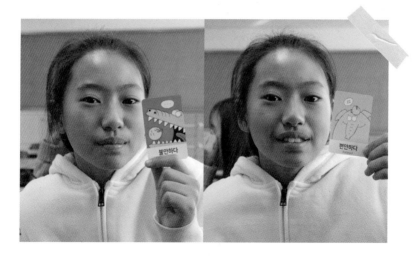

5 어제 칸도 모두 채워졌다면, 이번에는 미래로 갈 수 있는 방법을 소개한
   다. "이제 타임머신을 타고 시운전삼아 여러분이 첫 번째로 갈 곳은 바로
   내일입니다. 잠시 눈을 감고 내일 이런 일이 생기면 얼마나 좋을까 하는
   상상을 해 봅시다. 그리고 내일 느끼고 싶은 대표적인 감정을 세 가지만
   뽑아 타임머신 표 위의 [내일]칸에 올려 주세요."

6 모둠별로 어제와 오늘에 대한 감정에 대해 먼저 돌아가며 이야기를 나눈다.

7 마지막으로 내일 일어났으면 하는 감정에 대해 서로 돌아가며 이야기 나
   누고, 내일 느끼고 싶은 감정을 위해서 오늘 자신에게 어떤 변화가 필요
   한지 발표한다.

❶ 어제와 오늘 느꼈던 감정은 뒤집어 놓고, 모둠 친구들이 맞혀 보도록 합니다. 친구들에게 관심이 있어야만 맞힐 수 있기 때문에 추측하고 이야기 하여 서로에게 더욱 깊은 관심이 자라납니다.

❷ 내일 느끼고 싶은 감정툰 카드는 처음부터 감정이 보이도록 놓습니다. 한 명씩 돌아가며 친구가 어떤 일을 겪어야 이런 감정을 느끼게 될지 상상하고 추측하는 시간을 가집니다. 친구들의 추측이 끝나면, 내일 느끼고 싶은 감정이 어떤 상황이 일어나길 바라는 마음인지 공개합니다.

❶ 감정을 찾고 들여다보는 활동은 어느 정도의 훈련이 필요합니다. 저학년이나 중학년이라면, 처음에는 1~2개 정도만 찾아도 괜찮다고 허용합니다. 다만 찾는 것을 어려워할 때 그렇게 수용해 주어야 합니다. 그렇지 않은 경우, 찾을 수 있는 데도 귀찮아 대충 참여하는 경우가 생깁니다.

❷ 종종 '내일'의 감정을 고를 때 로또에 당첨된다는 등 실제로 일어나기 어려운 상황을 고르는 경우가 많습니다. 조금은 현실적으로 일어날 수 있는 구체적인 상황을 설정하도록 안내할 필요가 있습니다.

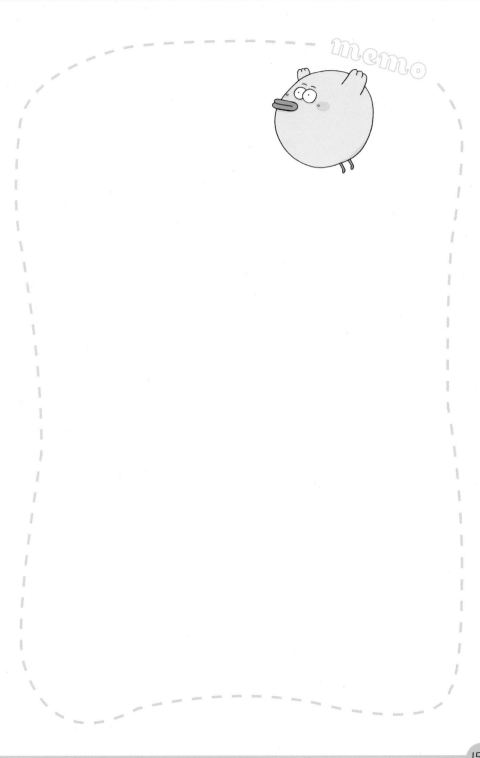

memo

감정툰 피라미드 게임

'감정툰 피라미드' 게임은 감정툰 카드 중에서 자신이나 친구의 감정을 찾아 피라미드 모양으로 배열하며 자기도 몰랐던 대표 감정을 찾아가는 감정놀이입니다. 아울러 자신의 현재 감정 속에 긍정적인 감정과 부정적인 감정이 어떤 비율로 있는지 돌아보고, 긍정적인 방향으로 살아가려면 어떻게 해야 할지 생각해볼 수 있습니다.

놀이를 시작해 볼까요

활동유형 모둠활동 · **준비물** 감정툰 카드

놀이방법

1 모둠별로 모여 앉고, 감정툰 카드 한 세트를 나누어 준다.

2 감정툰 카드를 바닥에 펼쳐 놓는다.

3 감정툰 카드 중에서 오늘 현재 자신의 감정 상태를 돌아보고, 해당하는 6
장의 감정툰 카드를 고른다.

4 골라온 감정툰 카드를 피라미드 모양처럼 1층에 3장, 2층에 2장, 3층에 1
장을 배치한다. 이때 가장 대표적인 감정을 가장 위층에 놓는다.

5 순서를 정해 돌아가면서, 자신의 감정툰 피라미드를 보고 그런 감정을 느꼈는지 설명한다. 마지막으로 가장 위에 놓은 대표 감정에 대해 소개한다.

6 3층에 있는 대표 감정툰 카드는 뒤집어 놓아, 다른 친구들이 하루동안 지켜보고 맞추는 게임을 하면 더욱 재미있다.

tip
이렇게 놀면 '더' 재미있어요

❶ 가져간 카드를 모두 뒤집어 놓도록 합니다. 그런 후에 1층에 있는 카드를 맞히면 10점, 2층에 있는 카드를 맞히면 20점, 3층에 있는 대표 카드를 맞히면 30점을 주도록 약속합니다. 다른 친구들의 생활을 떠올리면서 좀 더 친구들의 감정에 집중하게 될 것입니다.

❷ 6개의 기본 감정 중에서 긍정적인 감정이 몇 개나 되는지 찾아봅시다. 그런 후에 긍정적인 감정을 느끼며 살아가려면 어떻게 해야 할지 이야기 나누면 좋습니다. 연구에 따르면 우리는 긍정적인 감정과 사고방식을 '선택'할 수 있는 강력한 능력을 갖추고 있습니다. 사실, 감정은 우리의 몸을 말 그대로 세포 단위부터 변화시킵니다. 우리가 살면서 경험하는 많은 일들은 우리가 처한 환경에 대해 어떻게 해석하고 반응하는지에 따른 결과인 것입니다. 다행인 것은, 우리에게 부정적인 감정을 억누르거나 없애는 것이 아닌, 감정을 달리 해석하고 대처할 수 있는 능력이 있다는 점입니다. 다음의 대표적인 4가지 방법을 아이들에게 권해주세요.

① 현재의 기분 받아들이기

자신의 본성을 바꿀 수 없다는 사실을 받아들입니다. 본인이 '재충전'을 위해 혼자 있는 시간이 필요한 내성적인 사람인데도 항상 외향적이 되려고 노력하다 보면 지치고 불행하다고 느껴집니다. 현재의 자신을 있는 그대로 받아 들여야 합니다. 그러면 자신을 가장 긍정적인 사람으로 발전시킬 수 있을 것이라고 느낄 수 있습니다!

② 이룰 수 있는 작은 목표 정하기

구체적이고 이룰 수 있는 작은 목표(예를 들면, 친구들에게 먼저 인사하기 등)는 우리가 인생에 대해 긍정적인 전망을 할 수 있게 해줍니다. 연구 결과에 따르면 설령 목표를 곧바로 성취하지 못하더라도 목표를 설정하는 것만으로도 그 즉시 자신감이 생기고 희망적이라 느끼게 된다고 합니다.

③ 일기 쓰기

최근 연구에서는 부정적인 감정 하나당 긍정적인 감정 3개가 건강한 균형을 유지하는데 도움이 된다는 수학적 공식이 있다고 합니다. 일기를 쓰면 하루 일과에 대한 모든 감정적인 경험을 살펴 볼 수 있고 어떤 감정에 조절이 필요한지 파악할 수 있습니다. 또한 긍정적인 경험에 집중하게 되어 이러한 감정을 나중에 더 잘 기억할 수 있습니다.

④ 적극적으로 고마움 표현하기

고마움이란 '감정' 그 이상의 '행위'입니다. 고마움을 표현하는 것이 자신에게도 좋다는 연구 결과가 많습니다. 본인의 인식을 거의 순식간에 변화시킬 뿐 아니라 고마움을 표현하면 할수록 그 보람도 커집니다. 또한 고마움을 표현하면 더욱 긍정적으로 변하고 타인과의 관계, 격려와 연민의 자세를 갖추게 되어 행복한 감정을 더 느끼게 됩니다.

이것만은 주의해요

❶ 저학년, 중학년 아이들에게는 6개의 감정을 뽑는 것이 어려울 수 있습니다. 이럴 때는 간단하게 1층에 2장, 2층에 1장을 뽑도록 안내합니다.

❷ 서로 가져가려는 공감툰 카드가 겹치는 데 카드가 모자랄 경우에는 간단히 포스트잇을 준비해 그 카드에 같은 단어를 적습니다. 그런 후에 가위·바위·보를 해서 진 학생이 포스트잇을 대신 가져가기로 약속합니다.

감정툰 애벌레 활동

'감정툰 애벌레 활동'은 새로 한 반이 되어 지냈던 친구들에게서 발견한 좋은 감정을 감정툰 카드에서 찾아 친구들의 등 뒤에 적어 격려하는 감정 놀이입니다. 등에 붙여진 종이에 감정 단어를 넣어 칭찬을 써주다 보면 아이들이 애벌레처럼 길게 늘어서는 모양이 되는데 이 모양을 따서 붙인 이름이 '감정툰 애벌레 활동'입니다.

한 학기를 정리하며 서로에게 고마웠던 점 등을 등에 써주면 아이들은 마지막 순간까지 어떤 글이 내 등에 쓰여 있을지 기대감으로 기분 좋게 참여할 수 있습니다.

놀이를 시작해 볼까요

활동유형 전체활동 · **준비물** 감정툰 카드, A4라벨지 혹은 포스트잇, 네임펜

놀이방법

1 A4라벨지를 한 장씩 받고, 친구와 서로의 등 뒤에 붙여 준다.

2 교실을 돌아다니며 친구를 만나면 서로 하이파이브를 한다.

3 네임펜으로 친구의 등 뒤에 다가가서 함께 보내며 알게 된 친구에게서 발견한 좋은 감정과 그 감정을 느낀 이유를 적어 준다.

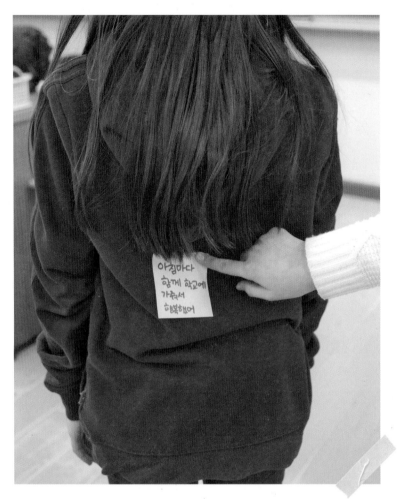

4 '감정툰 애벌레 활동'을 마친 후에는 자기 자리로 돌아가서 등 뒤에 있는
A4라벨지를 떼어낸다.

5 친구들이 적어준 감정과 그 까닭을 읽고, 그 중에서 가장 자신의 마음에 드
는 감정 베스트3을 뽑아 ★표 친다. 마지막으로 친구들 앞에서 발표한다.

이렇게 놀면 '더' 재미있어요

❶ 사전에 미리 의자에 앉아있는 아이가 어떤 감정이 적혀있을지 예언하는 카드를 작성합니다. 그런 후에 뒤쪽에 적힌 감정과 몇 개나 겹치게 맞혔는지에 따라 점수를 부여하면 더욱 재미있는 놀이가 됩니다.

예상되는 감정	그렇게 생각하는 까닭
미안하다	우유 당번을 하면서 수고하는 모습을 봐서
재미있다	유머로 친구들을 웃겨줄 때가 많아서
편안하다	같이 있을 때 편안하게 해주어서

❷ 등에서 뗀 A4라벨지는 보관하기가 어렵습니다. 가지고 있는 휴대전화로 촬영할 수 있는 시간을 따로 줍니다. 촬영한 자료는 휴대폰용 고화질 스캐너인 캠스캐너 (CamScanner) 앱을 사용해 스캔하면 좋습니다.

이것만은 주의해요

① 머리가 긴 여자 아이는 라벨지 종이가 머리에 붙지 않도록 조심해야 합니다. 사전에 자세히 안내를 해서 불쾌한 일을 겪지 않도록 합니다.

② '감정툰 애벌레 활동'을 할 때 평소 따돌림을 받거나 조용한 학생들을 자칫 친구들이 글을 별로 써주지 않아 속상할 수도 있습니다. 선생님부터 먼저 그런 학생들에게 다가가 글을 남겨주시는 것이 좋습니다.

③ 아울러 돌아다니며 몇 명의 아이들에게 칭찬의 글을 남겼는지 확인해주고 친구의 마음을 배려해 더 많이 글을 남겨준 친구들을 따로 칭찬해주도록 합니다.

감정툰 칠판 샤워

'감정툰 칠판 샤워' 활동은 새로 한 반이 되어 지냈던 친구들에게서 발견한 좋은 감정을 감정툰 속에서 찾아 칠판에 적어주고, 격려하는 감정 놀이입니다. 칠판 앞 의자에 앉아있는 아이는 친구들이 나와서 자신의 감정을 감정툰 카드 위 포스트잇에 써주는 동안 친구들이 어떤 칭찬을 써주었을지 생각하고 맞추어야 합니다.

놀이를 시작해 볼까요

활동유형 전체활동 · **준비물** 감정툰 카드, 포스트잇, 의자

놀이방법

1 먼저 칠판 앞에 의자를 놓는다.

2 '발표통'에서 이름이 뽑힌 아이가 칠판을 등지고 의자에 앉는다.

3 모둠별로 감정툰 카드를 나누어주고, 앞에 나온 친구에게서 발견한 장점을 고른다. 이때 그 친구에게서 발견한 좋은 감정을 고르도록 한다.

4 고른 감정툰 카드 위에 포스트잇을 붙이고, 그 위에 그 감정을 느낀 이유를 간단히 적는다. 적은 후에는 아이 뒤에 있는 칠판에 둥근 자석을 이용해 붙인다.

5 앞에 나온 아이는 뒤돌아보지 않고, 친구들이 뒤에 있는 칠판에 어떤 장점을 적었을까 추측해 발표한다. 이때 발표한 내용이 칠판에 있다면, 칠판의 포스트잇을 붙인 감정툰 카드에 동그라미를 그린다.

⑥ 앞에 나온 아이는 일어나서 뒤에 붙은 감정툰 카드와 포스트잇을 읽고, 가장 마음에 드는 카드와 글을 선택하여 그 까닭을 발표한다.

좋은 감정과 나쁜 감정이 따로 있을까요? 감정에 좋은 감정, 나쁜 감정이란 없습니다. 부정적으로 표현되는 감정 또한 적절히 표현될 때 아이는 진심으로 행복을 느낄 줄 아는 아이로 성장합니다. 부정적인 감정이라도 표현하기에 따라 기분 좋은 칭찬이 될 수 있음을 경험하도록 합니다.

tip

이렇게 놀면 '더' 재미있어요

❶ '애벌레 칭찬 활동'으로 칭찬해 볼까요?

등에 붙여진 종이에 칭찬을 써주다 보면 아이들이 애벌레처럼 길게 늘어서는 모양이 되는데 이 모양을 따서 붙인 이름이 '애벌레 칭찬 활동'입니다. 한 학기를 정리하며 서로에게 고마웠던 점을 등에 써줄 때, 이 활동을 적용하면 아이들이 재미있게 참여할 수 있습니다.

※ 자세한 방법은 〈두근두근 감정놀이 29번〉 활동을 참고해 주세요.

stop

이것만은 주의해요

❶ 처음 나와 의자에 앉는 아이는 되도록 장점이 많은 아이를 지명하는 것이 좋습니다. 놀이가 진행되는 과정을 지켜보면서 아이들의 칭찬 능력도 개발됩니다.

❷ 본격적으로 게임을 시작하기 전에 선생님부터 아이와 함께 지내며 발견한 장점과 그 감정을 통해 느꼈던 좋은 점을 포스트잇에 적어주는 것이 좋습니다.

감정툰 부루마불 게임

부루마불 게임은 원래 1982년 '씨앗사'에서 출시한 보드게임 이름입니다. 8세 이상, 2~4명의 인원이 2개의 주사위를 굴려 도착한 곳에 주권국의 땅을 사고 건물을 짓는 재산증식형 게임입니다. '감정툰 부루마불 게임' 은 감정툰 카드를 이용해 말판을 만들고, 주사위를 던져 서로의 생각을 나눌 수 있는 즐거운 감정놀이입니다.

놀이를 시작해 볼까요

활동유형 모둠활동 · **준비물** 감정툰 카드, 주사위, 포스트잇

놀이방법

1. 모둠별로 모여 앉고, 35장의 감정툰 카드 중에서 개인별로 이야기 나누고 싶은 3장의 카드를 고른다.

2. 개인별로 포스트잇 2장씩을 나누어 준다. 이때 포스트잇 1장에는 미션을 적도록 한다. 재미있는 미션이나 벌칙을 하나씩 적는다. 예를 들어 '성대모사하기, 5초 댄스, 주사위 한 번 더 던지기' 등을 적으면 된다.

3 말은 간단히 포스트잇을 두 번 접어 이름을 쓰고 말판에 세워놓으면 된다.

포스트잇	감정툰 카드	감정툰 카드	감정툰 카드	포스트잇
감정툰 카드				감정툰 카드
감정툰 카드				감정툰 카드
감정툰 카드				감정툰 카드
포스트잇	감정툰 카드	감정툰 카드	감정툰 카드	포스트잇

4 따로 뽑은 감정툰 카드를 직사각형 말판 이곳저곳에 나누어 놓는다. 이때 감정툰 카드의 감정이 보이도록 놓는다. 4명이 한 모둠일 때는 사각형 모양의 말판 모양을 만들면 좋고, 5명 이상의 모둠이라면 동그란 원형 말판을 만드는 것이 좋다.

5 　주사위를 던질 순서를 정하고, 첫 번째 아이가 주사위를 던진다. 이때 주
　　사위를 던져 나온 숫자만큼 말을 옮기면 된다.

6 　말이 놓인 감정툰 카드의 감정을 활용하여 상황을 짧게 이야기한다. 이때
　　이야기를 들은 모둠 아이들이 모두 맞다고 인정하면, 말을 그 감정툰 카
　　드 위에 올려놓을 수 있다. 만약 어울리지 않는 감정이라면 원래 자리로
　　돌아가야 한다. 말이 출발하는 시작점은 함께 정하고 말을 모두 올려놓
　　은 후에 시작하면 된다.

7 　다음 사람이 주사위를 던져 동일한 방식으로 계속 진행한다. 먼저 한 바
　　퀴를 도는 아이가 나오면 게임을 마치도록 한다.

tip
이렇게 놀면 '더' 재미있어요

❶ 감정툰 카드의 감정이 보이지 않게 뒤집어 놓으면 좀 더 긴장감이 생겨 재미있습니다.

미리 감정을 보고 상황을 예상하며 진행하는 것보다 감정툰 카드를 뒤집어 감정을 확인하는 순간, 어떤 감정이 나올지 모두의 관심으로 긴장감이 배가 됩니다.

❷ 주사위가 없을 때에는 스마트폰 주사위 앱을 사용합니다.

아이폰이나 안드로이드 스마트폰을 사용해 어플 마켓에서 '주사위' 또는 'dice'라고 검색해서 나오는 주사위 앱을 다운로드 받아 활용해 보세요. 실감나게 굴러가는 소리까지 더하며 재미를 더할 수 있습니다.

❸ 미션 카드의 규칙은 실제 부루마불 카드의 다양한 '스페셜 카드' 규칙을 참고합니다.

① **'콜럼비아호'(내 질문 제외)** : 원하는 질문으로 가서 대답해 주세요.
② **'블랙홀'** : 처음 시작점으로 돌아가서 한 판을 쉽니다.
③ **텔레파시 카드** : 특정 장소로 이동합니다.
④ **뉴런의 골짜기 카드** : 원하는 사람과 가위바위보를 해서 지면 그 사람이 만든 질문중 하나에 대답해야 합니다.
⑤ **천사의 빛 카드** : 다른 모든 친구들의 대답을 들을 수 있습니다. 이외에도 '한 번 쉬기', '한 번 더 주사위 던지기' 등 다양한 미션을 스스로 구상하도록 시간을 주면 더욱 재미있게 진행됩니다.

이것만은 주의해요

❶ **주사위의 눈이 나왔을 때 어느 방향으로 말을 이동할지 선택할 기회를 줍니다.**

같은 방향으로 모두가 움직이면, 같은 감정툰 카드에 말이 오르기 때문에 비슷한 이야기를 또 나누게 됩니다. 첫 번째 주사위를 던질 때 만큼은 왼쪽, 또는 오른쪽 방향 중에서 한 방향을 선택할 기회를 주는 것이 좋습니다. 다만 다음 차례부터는 방향을 바꿀 수 없습니다.

❷ **말판 위에 올려 놓을 말은 간단히 자기 소지품으로 해도 됩니다.**

말을 처음 두는 위치도 모두 함께 상의하여 같은 자리에서 시작하거나 또는 가장 가까운 위치의 미션 포스트잇 위에 두도록 합니다.

감정툰 카드로 학부모 상담하기

교사들은 흔히 '학부모'를 일컬어 '가깝고도 먼 당신'이라고 합니다. 교사와의 만남을 '어쩔 수 없이 하는 것' 쯤으로 생각하는 학부모를 몇 번 겪고 나면 학부모는 안 만나는 것이 낫다는 생각이 절로 생길 것입니다.

그럼에도 불구하고 아이를 위해 교사와 학부모는 한 팀이 되어야 합니다. 부모와 교사는 1년 동안 아이를 바람직하게 성장시키기 위한 동일한 프로젝트에 참여하는 셈입니다. 그러나 올바른 교육이 이루어지려면 서로에 대한 존중이 밑받침 되어야 합니다. 감정툰 카드는 어렵기만 한 학부모 상담을 더욱 따뜻하게 도와줄 수 있습니다.

놀이를 시작해 볼까요

활동유형 개인활동 · **준비물** 감정툰 카드

놀이방법

1 학부모님과 마주 앉고 먼저 인사를 나눈다.

"학교에 오는 일이 결코 쉬운 게 아닌데 이렇게 와주셔서 감사합니다."

자녀를 위하여 학부모 상담을 신청하고 학교에 오는 것은 쉽지 않을 일일

수도 있다. 그 마음을 헤아려 학부모 상담에 오기 위해 애쓴 노력을 인정

해주며 시작한다.

2 감정툰 카드를 감정이 보이게 책상 위에 늘어놓는다.

3 "자녀를 키우면서 드는 감정을 하나만 골라보시겠어요? 선영이를 보면

어떤 감정이 드시나요?"라고 질문하며 학부모가 직접 카드를 고르도록

한다.

4 예를 들어 '울고 싶다'라는 카드를 들었다면, "울고 싶다는 카드를 들으신 까닭을 여쭤 봐도 될까요?"라고 묻고, 학부모님의 말씀에 귀 기울여 공감 하도록 한다.

5 다음으로는, "아이에게 바라는 것은 무엇인가요?" 그리고 " 아이와의 좋은 관계를 위해 그동안 어떤 노력들을 해오셨나요?"라고 여쭤본다. 학생의 문제는 과거부터 있어왔던 문제일 경우가 많다. 때문에 학부모님 이 시도한 노력들을 이야기하며 대화의 문을 여는 것이 좋다. 보통 학부 모님들의 경우, 자녀 문제에 대해 얼마나 많은 노력을 기울였는지 교사에 게 알리고 격려를 듣고 싶어 하기 때문이다.

6 "비교적 효과가 있었던 방법은 무엇인가요?", "효과가 없었던 이유가 무 어라 생각하세요?" 등의 질문을 통해 평가보다는 학부모님 스스로가 자 신을 되돌아볼 수 있는 기회를 주면 충분하다.

tip
이렇게 놀면 '더' 재미있어요

❶ 학부모 상담 전에 미리 사전 조사 자료를 가정에서 작성해 오도록 합니다.
이때 감정 단어와 감정을 느끼는 상황이 적힌 포스트잇이 아니라면, 원래 자리에
돌려놓아야 합니다.

학생 이름	
이 자료는 학부모 상담 시에 아이에 대한 깊은 대화를 위해 꼭 필요한 자료입니다. 잠시 시간 내어 작성을 부탁드립니다. 자녀를 생각하면 떠오르는 감정을 3가지만 적고, 그 이유를 적어 주세요.	
감정	이 감정을 뽑은 이유

❷ 감정 카드를 고른 후에는 '욕구'를 이야기 나누도록 합니다.
"예의 없는 아이의 말투 때문에 화가 난다"는 학부모님께는 "많이 속상하시겠어
요. 아이가 예의 없는 말투를 할 때, 아이에게 바라는 것은 무엇인가요?" 라는 질
문을 통해 '존중받고 싶다'는 부모님의 마음을 공감해주고, 어떻게 하면 좋을지
상담하도록 합니다.

이것만은 주의해요

❶ 학부모 상담을 시작할 때는 신뢰감을 줄 수 있어야 합니다.

교사들에게는 학부모 상담이 학부모와 관계를 형성하는 첫 단추가 됩니다. 짧은 만남을 통해 담임교사에 대한 신뢰감을 형성하도록 해야 합니다.

"우리 반 아이들이 왜 이렇게 인상이 좋고 예쁜가 했더니, 부모님을 닮아서였나 봅니다. 부모님 인상이 참 좋으시네요."

아울러 학부모님을 만날 때에는 가능한 아이들에 대한 긍정적인 말로 시작하는 것이 좋습니다.

"자녀를 위한 마음으로 이 자리에 정말 어렵게 오신 것을 잘 압니다. 부모님의 사랑과 노력으로 우리 아이들이 바르게 성장해 가리라 생각됩니다. 바쁜 와중에 이 자리에 와 주셔서 진심으로 감사드립니다." 아울러 생계를 위해 바쁜 중에 찾아 주신 학부모님에 대한 감사함을 표현하는 것이 좋습니다.

❷ "어머님께서는 어떻게 생각하세요?"를 사용해 보세요.

"훈이가 수학이 약한데 학원에 다녀야 할까요?" 학부모님의 질문에 일일이 답을 하다가 어느 순간 막막함을 느낄 때가 많습니다. "어머님께서는 어떻게 생각하세요?"는 어색한 분위기를 깨거나 자녀교육에 관심 많은 부모로 비춰지고 싶어 형식적으로 묻는 질문인지, 정말 답을 구하는 질문인지 파악함으로써 불필요한 답을 위해 쏟는 선생님의 노력을 줄일 수 있습니다. 게다가 이런 열린 질문은 학부모가 충분히 자기 이야기를 할 수 있도록 해줍니다.

memo

감정툰 포스트잇 이불덮기

빨강과 파랑, 또는 노랑과 분홍 등 두 가지 색깔의 포스트잇을 준비합니다. 두 가지 색깔의 포스트잇 중에서 한 색깔은 감정 단어를 쓰고, 다른 색깔에는 그 감정 단어를 느꼈던 상황을 적습니다. 그런 후에 교실 이곳 저곳에 붙입니다. 이때 같은 감정 단어와 그 감정을 느꼈던 상황을 찾아 짝짓게 하는 감정 놀이입니다.

놀이를 시작해 볼까요

활동유형 전체활동 · **준비물** 감정툰 카드, 두 가지 색깔의 포스트잇(예시: 노랑, 파랑)

놀이방법

1. 개인별로 노란색과 파란색의 포스트잇을 각각 2장씩 나누어 준다.

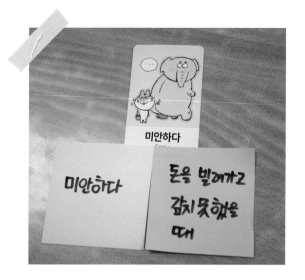

2. 노란색 포스트잇에는 감성툰 카드의 감정 단어 중에서 하나를 쓰고, 파란색 포스트잇에는 그 감정을 느꼈던 상황을 쓴다.

3. 2분 정도의 시간 동안 두 가지 색깔의 포스트잇을 교실 이곳저곳에 따로 붙여 놓는다.

4. 선생님의 "시작" 목소리와 함께 교실을 돌아다니며 다른 모둠의 포스트 잇 짝을 찾는다.

5 이때 말하지 않고 돌아다녀야 하고, 노란색 포스트잇을 가져다가 파란색 포스트잇 위에 올려놓는다.

6 선생님은 겹쳐진 포스트잇이 있을 때에는 두 개의 카드가 바른 짝인지 판정을 내려준다. 만약 짝이 아니라면, 노란색 포스트잇을 원래 자리에 붙여 놓아야 한다.

7 가장 많은 포스트잇 짝을 모은 모둠이 승리한다.

이렇게 놀면 '더' 재미있어요

❶ 보물 찾기처럼 짝을 지은 후에는 두 장의 포스트잇을 선생님께 가져옵니다.

이때 감정 단어와 감정을 느끼는 상황이 적힌 포스트잇이 아니라면, 원래 자리에 돌려놓아야 합니다.

❷ 모둠별로 단 한 장의 감정에 대해서는 그 감정을 느끼는 상황을 포스트잇 3장에 적어 넣도록 합니다.

감정 단어에 대한 여러 장의 포스트잇을 모을 때마다 점수가 올라갑니다. 이때, 감정 단어 포스트잇 위에 상황 포스트잇들을 올려붙이는 데 한 장 당 10점씩 점수가 올라가도록 약속합니다.

❸ 모둠별로 포스트잇 한 장에 ★와 모둠 이름을 써서 조커로 활용하도록 합니다.

조커는 모든 감정 단어와 어떤 감정 상황으로도 대신 짝을 지어 가져갈 수 있습니다.

❶ **아이들이 감정을 느끼는 상황을 쓰기 어려워한다면 감정툰 카드의 뒷면에 있는 감정에 대한 설명을 적습니다.**

막상 막연히 상황을 쓰라고 하면 감정에 대해 어려워하는 아이들의 경우는 아무 단어나 적기 쉽습니다. 1단계는 포스트잇에 넣어야 할 상황을 모둠이 상의해 도 와줄 수 있도록 합니다. 그마저도 어려워한다면, 간단하게 감정툰 카드의 뒷면 에 있는 설명을 적도록 합니다. 예를 들어 '외롭다'에 대한 포스트잇 짝에는 감정 툰 카드 뒤에 있는 설명, 즉 '혼자라고 느껴져요'라고 쓰면 됩니다.

카드 앞면

⑪ 외롭다
Lonely

카드 뒷면

혼자라고 느껴져요.

❷ **감정 포스트잇을 붙일 장소를 미리 제한해야 합니다.**

자꾸만 못 찾게 할 욕심으로 지나치게 높은 위치나 창가 위험한 장소에 붙이는 경 우가 있습니다. 선생님 좌석 밑이나 환경 게시판에 붙여 놓는 경우도 문제가 됩니 다. 놀이를 시작하기 전에 숨겨놓지 말아야할 장소를 아이들과 이야기 나눕니다.

❸ **감정 놀이를 시작하기 전에 아이들이 규칙을 만들어 보도록 합니다.**

놀이의 생명은 '규칙'입니다. 감정 놀이를 시작하기 전에 이 놀이를 하면 어떤 문 제가 예상되는지 발문합니다. "어떤 규칙을 만들어야 할까요?"라고 아이들에게 되물어 보세요.

감정툰 메모리 게임

'감정툰 메모리 게임'은 감정툰 카드 20장을 뒤집어 놓고, 2장의 카드를 뒤집어 서로 같은 동물 그림이 나오면 가져가고 다른 동물이 나오면 원래대로 카드를 뒤집어야 하는 감정 놀이입니다. 좀 더 익숙해지면 같은 감정군 끼리 뒤집어 가져갈 수도 있습니다.

놀이를 시작해 볼까요

활동유형 모둠활동 · **준비물** 감정툰 카드

놀이방법

1 모둠별로 앉고, 감정툰 카드 한 세트를 나누어 준다.

2 감정툰 카드의 그림 중에서 서로 짝이 될 수 있는 동물들을 2장 씩 묶어 20장을 뽑는다.

3 20장의 카드를 잘 섞은 후, 5×4(5칸 4줄) 배열로 카드를 뒤집어 놓는다.

4 가위바위보로 순서를 정해 첫 번째 아이부터 카드 2장을 뒤집는다.

5 이때 두 장의 카드가 같은 동물이면 가져가고, 다른 동물이면 원래대로 카드를 뒤집는다.

6 함께 정한 약속대로 시계 방향, 또는 시계 반대 방향으로 돌아가며 같은 방법으로 카드를 뒤집어 메모리 게임을 계속한다.

7 마지막에 가장 많은 카드를 가진 아이가 승리한다.

이렇게 놀면 '더' 재미있어요

❶ 2장의 짝을 찾은 후에 간단한 문장을 말할 수 있어야 가져갈 수 있도록 합니다. 예를 들어 '재미있다'와 '후회하다'의 옥토끼 그림을 뒤집어 가져가려면, "컴퓨터 게임이 재미있다고 새벽 2시까지 게임을 하다가 엄마에게 혼나 후회했습니다." 라고 이야기하면 됩니다.

❷ 각 팀에서 순위가 나오면, 수준별로 모여 진행하면 더욱 재미있습니다. 각 모둠의 1위끼리, 2위끼리, 3위끼리, 4위끼리 모여 6×6(6줄 6칸) 36장에 도전해 보세요. 이때 1장은 캐릭터 카드를 조커 카드로 넣어 이 카드는 어떤 카드와도 짝이 되어 가져갈 수 있도록 약속합니다.

❸ 시즌2 게임에서는 같은 감정군의 카드를 뒤집으면 가져가게 합니다. 감정 분류표를 통해 같은 감정군의 카드를 고르면 가져가도록 규칙을 수정해 보세요. 영화 인사이드 아웃의 주인공인 '기쁨이', '슬픔이', '버럭이', '까칠이', '소심이'로 나누어 분류하게 해도 좋습니다.

⸻ stop ⸻
이것만은 주의해요

❶ **겹치는 다른 동물의 짝을 가져가도 괜찮습니다.**

감정툰 카드 동물의 종류가 얼마 안 되기 때문에 겹치는 동물을 가져갈 수 있습니다. 20장의 카드를 고를 때부터 미리 약속해야 합니다. 아울러 병아리 그림은 너무 많기 때문에 따로 고르지 않도록 합니다.

❷ **학년 수준에 맞게 카드의 개수를 조절합니다.**

1, 2학년이라면 3×3(3줄 3칸) 배열로 가볍게 시작하는 것이 좋습니다. 3, 4학년이라면 4×3(4줄 3칸) 12장, 또는 4×4(4줄 4칸) 16장으로 시작하세요. 5, 6학년이라면 5×4(5줄 4칸) 20장 또는 5×5(5줄 5칸) 25장으로 진행합니다.

감정툰 카드로
방학 이야기 나누기

'감정툰 카드로 방학 이야기 나누기' 활동은 개학날, 방학동안 있었던 일을 돌아보며 감정툰 카드를 가지고 할 수 있는 재미있는 감정 놀이입니다. (※PS. 정철윤 선생님! 보석 같은 아이디어 나누어주셔서 감사드리고 많은 교실에서 활용되길 바랍니다.)

놀이를 시작해 볼까요

활동유형 개인활동, 전체활동
준비물 감정툰 카드, 여름방학 버킷리스트 포스트잇, A4용지, 풀

놀이방법

1. A4용지 중앙에 방학 전 작성한 버킷리스트를 붙인다.

2. 버킷리스트 왼쪽에는 '방학 중 자신이 한 일 중에서 가장 보람 있는 일과 관련된 물건'을 그린다. 오른쪽에는 후회되는 일과 관련된 물건을 그린다.

3. 모둠별로 감정툰 카드를 나누어 준다.

4. 왼쪽과 오른쪽의 물건들을 보면서 방학이 지나고 나의 감정을 감정툰 카드에서 찾아 상단에 제목으로 쓴다.

5 종이 하단에는 자신의 그림을 간단히 설명하고 2학기의 다짐을 쓴다.

6 모두 완성한 후에는 친구들은 어떻게 방학을 보냈는지 돌아다니며 볼 수 있는 시간을 가진다.

❶ 완성되면 자신의 작품을 책상 위에 두고, 다른 친구의 작품을 감상하면서 격려의 말을 써 줍니다.

　　격려의 말은 다양한 색의 볼펜을 활용해 써주도록 하면 좋습니다.

❷ 작성한 A4용지를 들고 돌아다니며 친구들과 이야기 나누는 시간을 가집니다.

　　둘이 만나면 하이파이브를 하고, 가위 · 바위 · 보를 합니다. 이때 진 학생부터 설명하고, 잠시 후 이긴 학생이 설명을 합니다. 이때 친구와 이야기를 나눈 후에는 서로의 A4용지를 바꾸고 하이파이브한 후에 헤어집니다. 이렇게 헤어질 때마다 새로 받은 친구의 A4용지를 들고, 그 친구인 것처럼 설명하는 과정을 통해 친구들의 입장을 더욱 잘 헤아리게 됩니다.

❶ 방학하는 날은 수다를 떨며 진행해도 허용해 줍니다.

　　개학 날이지만, 오랜만에 만난 친구들과 쌓였던 이야기도 나누며 편안하게 활동할 수 있어서 좋은 활동입니다. 다른 모둠의 활동을 방해할 정도가 아니면, 편안하게 스스로 방학을 돌아보며 이야기 나눌 시간을 허용해 줍니다.

❷ 버킷리스트 작성은 개학날 스스로 작성하게 해도 됩니다.

　　방학 전에 버킷리스트 작성한 포스트잇이 없다면, 직접 줄이 그려진 포스트잇을 활용해 작성하도록 합니다.

허쌤&옥이샘의

감정놀이

ⓒ 허승환, 옥상헌

초판 1쇄 펴낸날 2018년 6월 11일
초판 7쇄 펴낸날 2023년 7월 3일

지은이 허승환, 옥상헌
펴낸이 허주환

편집 장인영
디자인 P215

펴낸곳 ㈜아이스크림미디어
등록 2007년 3월 3일(제2011-000095호)
주소 13494 경기도 성남시 분당구 판교역로 225-20(삼평동)
전화 02-3440-2365
팩스 02-6280-5222
전자우편 books@i-screammedia.com
홈페이지 www.i-screammedia.com

ISBN 979-11-5929-019-0 03370